História e documentação:
abordagens práticas

O selo DIALÓGICA da Editora InterSaberes faz referência às publicações que privilegiam uma linguagem na qual o autor dialoga com o leitor por meio de recursos textuais e visuais, o que torna o conteúdo muito mais dinâmico. São livros que criam um ambiente de interação com o leitor – seu universo cultural, social e de elaboração de conhecimentos –, possibilitando um real processo de interlocução para que a comunicação se efetive.

História e documentação: abordagens práticas

Ricardo Selke (Org.)
Lorena Zomer
Nailôn F. Silveira
Natália Bellos
Dalvana Lisczkovski

EDITORA intersaberes

Rua Clara Vendramin, 58 . Mossunguê . CEP 81200-170 . Curitiba . PR . Brasil
Fone: (41) 2106-4170 . www.intersaberes.com . editora@editoraintersaberes.com.br

Conselho editorial
  Dr. Ivo José Both (presidente)
  Drª Elena Godoy
  Dr. Neri dos Santos
  Dr. Ulf Gregor Baranow
Editora-chefe
  Lindsay Azambuja
Gerente editorial
  Ariadne Nunes Wenger
Preparação de originais
  Natasha Saboredo
Edição de texto
  Palavra do Editor
  Camila Rosa

Capa
  Charles L. da Silva (*design*)
  MaxyM/Shutterstock (imagem)
Projeto gráfico
  Bruno de Oliveira
Diagramação
  Laís Galvão
Equipe *de* design
  Charles L. da Silva
Iconografia
  Regina Claudia Cruz Prestes

Dados Internacionais de Catalogação na Publicação (CIP)
(Câmara Brasileira do Livro, SP, Brasil)

> História e documentação: abordagens práticas/Lorena Zomer...
> [et al.]; Ricardo Selke (Org.). Curitiba: InterSaberes, 2020.
>
> Outros autores: Nailôn F. Silveira, Natália Bellos, Dalvana Lisczkovski
> Bibliografia.
> ISBN 978-65-5517-682-7
>
> 1. História – Fontes 2. Historiografia I. Zomer, Lorena. II. Silveira,
> Nailôn F. III. Bellos, Natália. IV. Lisczkovski, Dalvana V. Selke, Ricardo.
>
> 20-36999   CDD-907.2

Índices para catálogo sistemático:
1. História: Fontes   907.2

Cibele Maria Dias – Bibliotecária – CRB-8/9427

1ª edição, 2020.
Foi feito o depósito legal.
Informamos que é de inteira responsabilidade dos autores a emissão de conceitos.
Nenhuma parte desta publicação poderá ser reproduzida por qualquer meio ou forma sem a prévia autorização da Editora InterSaberes.
A violação dos direitos autorais é crime estabelecido na Lei n. 9.610/1998 e punido pelo art. 184 do Código Penal.

Sumário

13 *Apresentação*
15 *Como aproveitar ao máximo este livro*

Capítulo 1
19 **Métodos quantitativos e qualitativos em história**

(1.1)
21 Dos metódicos aos *Annales*

(1.2)
23 Perspectivas historiográficas

(1.3)
32 História serial e história quantitativa

Capítulo 2
55 **Construção de tipologias e banco de dados documentais**

(2.1)
57 O documento

(2.2)
60 Arquivologia: breve histórico, normas e orientações gerais

(2.3)
68 Tipologia documental

(2.4)
76 Banco de dados: definição e breve histórico

(2.5)
82 Bancos de dados documentais

Capítulo 3
91 **Leitura, manutenção e tratamento de documentação antiga**

(3.1)
93 Conceito de documento histórico escrito

(3.2)
105 Leitura de documentos antigos

(3.3)
111 Manutenção e tratamento de documentação antiga

Capítulo 4
123 **Noções básicas de paleografia**

(4.1)
125 Contextualização histórica

(4.2)
128 Materiais utilizados para registros escritos

Capítulo 5
149 **História oral, seus fundamentos e técnicas de entrevista**

(5.1)
151 Conceituação de história oral

(5.2)
159 O uso da entrevista como metodologia

(5.3)
174 Técnicas de entrevista e coleta de testemunhos

Capítulo 6
185 *Softwares* **especializados para tratamento de documentação seriada em história**

(6.1)
187 Exemplos de bancos de dados

(6.2)
207 O uso de *softwares*: exemplo do SPSS

221 *Considerações finais*

223 *Referências*

233 *Bibliografia comentada*

235 *Respostas*

241 *Sobre os autores*

A Dulce, Cristina, Sérgio e Jéssica.

Este livro é o resultado de um esforço coletivo. Por isso, meu agradecimento especial aos autores: Natália, Nailôn, Dalvana e Lorena. Como organizador, não poderia ter colaboradores mais comprometidos e capazes. Escrever pode ser um ofício solitário, mas ele se torna mais prazeroso quando temos uma rede de pessoas próximas a nós, que nos trazem alento em momentos difíceis. Assim, agradeço aos meus familiares Sérgio Selke e Maria Cristina de Campos Castilho, pelo apoio afetivo, e aos meus amigos de infância de Itajaí – SC, que sempre estão prontos a me ajudar. Analisando minha trajetória profissional, não teria publicado este livro sem a atitude do professor Marcos Aurélio Pereira, que, em 2012, acreditou no meu potencial e me contratou para trabalhar numa editora curitibana. Meu agradecimento eterno. Por fim, agradeço à minha esposa Jéssica. Obrigado pelo companheirismo, pelo carinho e pela dedicação.

Ricardo Selke

Apresentação

O livro que você tem em mãos trata da compreensão, reflexão e análise de fontes históricas. O ofício do historiador, associado à narração e à história-problema, só é possível pela reconstituição de resquícios legados do passado, materiais ou imateriais, a partir de uma problemática do presente, construída pelo próprio pesquisador. Dessa forma, esta obra tem como público-alvo estudantes e profissionais de história interessados numa introdução aos temas mais essenciais desse ofício: a compreensão e os usos das fontes históricas.

Buscamos auxiliá-lo, leitor, no entendimento das sutilezas desse trabalho, no qual a fonte é o átomo de toda a discussão. Afinal, o que é uma fonte e como o historiador deve se relacionar com ela? Conforme demonstraremos, as fontes históricas não se apresentam de uma única forma, uma vez que elas podem ser mais clássicas (documentos oficiais do Estado) ou mais novas e diversas, como a memória (história oral).

A questão, portanto, consiste em apontar as peculiaridades das fontes históricas, sem cair na armadilha de criar uma hierarquia entre elas. Todas as fontes são resquícios de produção humana, não podendo ser compreendidas como superiores ou inferiores, de maior ou menor importância.

O livro está dividido em seis capítulos. O que todos os capítulos têm em comum é a reflexão acerca do ofício do historiador, partindo-se da análise das fontes históricas.

No Capítulo 1, analisaremos os diferentes métodos associados às histórias quantitativa e qualitativa. No Capítulo 2, abordaremos (teoricamente e na prática) a historiografia, tendo em vista a construção de tipologias e sua importância para a construção de bancos de dados. No Capítulo 3, examinaremos os chamados *documentos históricos*, apontando formas de leitura e de manutenção de documentação antiga. No Capítulo 4, daremos enfoque à paleografia, estudo de grande valia para os historiadores que trabalham com arquivos e materiais antigos. No Capítulo 5, trataremos da história oral, enfatizando sua prática. Por fim, no Capítulo 6, apresentaremos um apanhado sobre os bancos de dados disponíveis, indicando suas possíveis formas de uso.

Boa leitura!

Como aproveitar ao máximo este livro

Empregamos nesta obra recursos que visam enriquecer seu aprendizado, facilitar a compreensão dos conteúdos e tornar a leitura mais dinâmica. Conheça a seguir cada uma dessas ferramentas e saiba como estão distribuídas no decorrer deste livro para bem aproveitá-las.

Introdução ao capítulo

Logo na abertura do capítulo, informamos os temas de estudo e os objetivos de aprendizagem que serão nele abrangidos, fazendo considerações preliminares sobre as temáticas em foco.

Preste atenção!

Apresentamos, nesta seção, informações complementares a respeito do assunto que está sendo tratado.

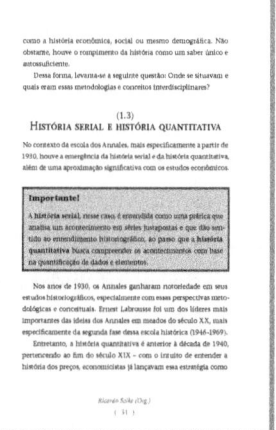

Importante!

Algumas das informações centrais para a compreensão da obra aparecem nesta seção. Aproveite para refletir sobre os conteúdos apresentados.

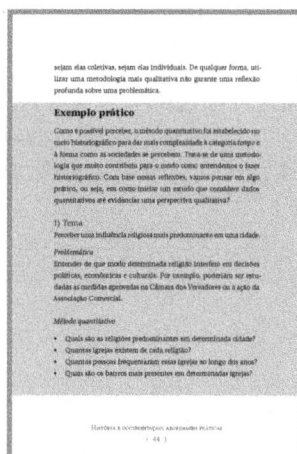

Exemplo prático

Nesta seção, articulamos os tópicos em pauta a acontecimentos históricos, casos reais e situações do cotidiano a fim de que você perceba como os conhecimentos adquiridos são aplicados na prática e como podem auxiliar na compreensão da realidade.

Síntese

Ao final de cada capítulo, relacionamos as principais informações nele abordadas a fim de que você avalie as conclusões a que chegou, confirmando-as ou redefinindo-as.

Indicações culturais

Para ampliar seu repertório, indicamos conteúdos de diferentes naturezas que ensejam a reflexão sobre os assuntos estudados e contribuem para seu processo de aprendizagem.

Atividades de autoavaliação

Apresentamos estas questões objetivas para que você verifique o grau de assimilação dos conceitos examinados, motivando-se a progredir em seus estudos.

Ricardo Selke (Org.)

Atividades de aprendizagem

Nesta seção, comentamos algumas obras de referência para o estudo dos temas examinados ao longo do livro.

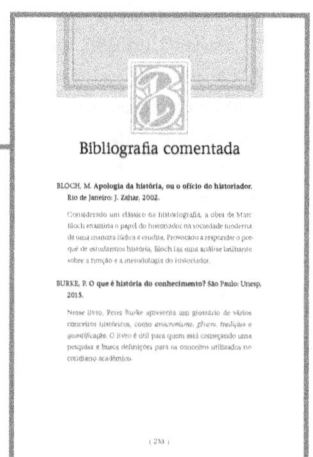

Bibliografia comentada

Aqui apresentamos questões que aproximam conhecimentos teóricos e práticos a fim de que você analise criticamente determinado assunto.

Capítulo 1
Métodos quantitativos e qualitativos em história

Lorena Zomer

O trabalho dos historiadores é tangenciado pelo tempo e pelas discussões em que estão inseridos. Isso porque diversas teorias e metodologias interferem em suas escolhas.

Nesse sentido, para a pesquisa em história, as fontes são diversas e requerem o uso de metodologias diferentes para seu tratamento. Isso é importante para que os estudos históricos sejam considerados profissionais. Alguns desses métodos de análise são o qualitativo e o quantitativo, os quais abordaremos neste capítulo.

(1.1)
Dos metódicos aos *Annales*

O historiador Marc Bloch (2010), em seu clássico livro *Apologia da história*, apresenta essa área como a ciência que estuda o homem em seu tempo, ou seja, que analisa como os sujeitos sociais percebem a si mesmos e têm consciência sobre o período que estão vivenciando. Para tanto, é preciso considerar que essa afirmação é referente ao início do século XX e se coloca contra uma "história dos grandes homens", de datas, de nomes e relacionada somente ao passado. Nesse caso, a história política, que pouco problematizava ou dava lugar aos grupos marginais, era o foco do debate.

Nesse contexto, uma das frases que melhor definem o que seria o trabalho do historiador, segundo a escola dos Annales, é uma analogia: "[O historiador] se parece com o ogro da lenda. Onde fareja carne humana, sabe que ali está a sua caça" (Bloch, 2010, p. 54).

> **Preste atenção!**
>
> A *Revue des Annales* (*Revista dos Annales*) – fundada por Marc Bloch (1886-1944) e Lucien Febvre (1878-1956) –, como escola historiográfica, propiciou novas perspectivas de estudo, em que o olhar sobre o trabalho do historiador se caracterizou por novas propostas metodológicas e teóricas e também pelo incentivo à análise de novas fontes ou interpretações sobre elas.

A escola dos Annales não foi importante apenas por seu caráter transformador no que diz respeito às fontes ou pelo fato de instigar uma história mais econômica e social, mas também pela defesa da interdisciplinaridade. Essa estratégia se fundamenta no diálogo e na utilização de diversas metodologias e conceitos de outras áreas como uma das principais ferramentas do fazer historiográfico no último século, entre as quais estão as metodologias de pesquisa qualitativa e quantitativa, tema deste capítulo. Isso ajudou a desenvolver esse contexto, pois colaborou com a ampliação dos debates históricos e, especialmente, com a ampliação e inserção de novos temas na historiografia.

O historiador Peter Burke (1997, p. 67) define a importância da história quantitativa para a historiografia da seguinte forma:

> *Esta "revolução quantitativa", como foi chamada, foi sentida primeiramente no campo econômico, particularmente na história dos preços. Da economia espraiou-se para a história social, especialmente para a história populacional. Finalmente, na terceira geração [...] a nova tendência invadiu a história cultural – a história da religião e a história das mentalidades.*

De acordo com as ideias do historiador inglês, é possível perceber que a história quantitativa, especialmente aquela proveniente dos metódicos, influenciou diversos períodos da historiografia. Um dos motivos é justamente a ampliação de fontes ocasionada pelo debate e pela crítica da escola dos Annales aos metódicos, isto é, à defesa por parte destes das ditas *fontes oficiais* (documentos de cartórios, processos etc.). Para esta última escola, apenas as fontes mencionadas poderiam ser motivo de debate; contudo, com as reflexões geradas pelos Annales, elas deixaram de ser as únicas. Dessa forma, passaram a ser considerados como fontes diários, registros públicos, arquivos gerais e acervos, pinturas e quaisquer objetos ou documentos que fossem portadores de elementos da vida de uma sociedade ou de um indivíduo. Portanto, se houve um aumento de fontes, o entendimento e a interpretação necessários para sua organização e debate também se tornaram assuntos centrais ao longo do século XX. Em um primeiro momento, a análise quantitativa foi importante para organizar as mudanças no trabalho do historiador.

Tendo isso em vista, a seguir examinaremos as perspectivas historiográficas do período e sua relação com a interdisciplinaridade, visto que desse aspecto emerge a relação com a economia e com a história quantitativa. Também definiremos as metodologias quantitativa e qualitativa e esclareceremos as diferenças e possibilidades dessas metodologias para a história.

(1.2)
Perspectivas historiográficas

A escola dos Annales trouxe possibilidades de análise das mais variadas organizações sociais presentes na história da humanidade. Assim, os fatos históricos passaram a ser vistos como constructos sociais, servindo de base para a compreensão dos sujeitos sociais e dos próprios processos históricos, que, por sua vez, ganharam fluidez e a ideia de que estão em transformação constante.

A Figura 1.1 representa a tomada de consciência que os estudos historiográficos passaram a ter: a de que os grupos sociais têm percepções e preocupações sobre a organização de seu tempo.

Figura 1.1 – Clepsidra egípcia no Museu Internacional de Horologia, em La Chaux-de-Fonds (Suíça)

Clepsidras, relógios de sol, estações do ano e ampulhetas são alguns exemplos de ferramentas e métodos que correspondem a estratégias de identificação e organização do tempo, bem como de tradições e hábitos culturais relacionados a ele. Esse é um elemento crucial para a análise do historiador, como sugere Edward Palmer Thompson (1998, p. 294):

> *A primeira geração de trabalhadores nas fábricas aprendeu com seus mestres a importância do tempo; a segunda geração formou os seus comitês em prol de menos tempo de trabalho [...]; a terceira geração fez greves pelo pagamento de um percentual adicional pelas horas trabalhadas. Haviam aprendido muito bem a lição, a de que tempo é dinheiro.*

O excerto permite entender a ideia de que esses trabalhadores passaram por um processo histórico amplo e complexo, em que suas existências foram bastante alteradas. O tempo e sua medição foram modificados, porém a organização de suas vidas com base nesse aspecto também. Além disso, a noção de que os trabalhadores começaram a ter consciência sobre a transformação de seu tempo e a utilizar esse conhecimento para exigir algum direito ou salário por ele possibilita a reflexão sobre como analisar a premissa dos Annales do início do século XX: a de que o trabalho do historiador está na ação e na consciência dos homens sobre o seu tempo.

Essas novas possibilidades de análise são decorrentes da influência exercida pelos historiadores da escola dos Annales, embora o trabalho historiográfico não seja restrito a esse grupo no século XX, pois foram muitos os historiadores e profissionais que colaboraram com novas perspectivas. Nesse sentido, a história, como disciplina das ciências humanas, também precisou buscar em suas vizinhas estratégias para coletar dados, analisá-los, arquivar ou mesmo compreender suas problemáticas. No entanto, antes de abordarmos a questão da interdisciplinaridade, devemos ressaltar que, conforme Burke, a história quantitativa não pode ser relegada apenas a uma contribuição dos Annales. Segundo o estudioso, "Na Roma antiga eram realizados censos regulares do império e na França do século XVIII já se publicavam preços de grãos nas diferentes cidades. Há muito tempo os economicistas baseiam suas análises em estatísticas relacionadas a preços, produção etc." (Burke, 2002, p. 53-54). Assim, para Burke e os historiadores "economicistas", cujas análises se baseiam em características econômicas, já se faziam há tempos averiguações com ênfase em parâmetros econômicos.

Portanto, a prática de organizar dados em tabelas para um conhecimento geral não é originária de pesquisadores das ciências humanas ou mesmo das ciências sociais. O que Burke (2002, p. 54) questiona então é: "O que há de novo?". De acordo com o autor, esses dados poderiam ajudar a entender os comportamentos humanos de modo geral. Por exemplo, psicólogos já faziam uso de entrevistas; demógrafos, de taxas de mortalidade e natalidade; e políticos, de pesquisas eleitorais com base em questionários – os quais ainda estariam presentes no trabalho da sociologia. O que se percebe é que há diversos métodos quantitativos e, principalmente, temas decorrentes do uso dessa metodologia, como os citados nos estudos de Burke (2002, p. 56): "mudanças do preço do grão ao longo do tempo, a idade média das mulheres no primeiro casamento, o percentual de votos consignados ao Partido Comunista nas eleições italianas, o número de livros latinos à venda na feira anual do livro em Leipzig".

Os diversos temas alteraram os paradigmas da história. Ainda no fim do século XIX e início do século XX, a história deu início a novos debates, incluindo uma nova prática, chamada de **interdisciplinaridade**, uma ideia bastante complexa e discutida, principalmente no último século. É importante destacar que há um amplo debate sobre as relações da história com as ciências sociais, como é o caso do historicismo no fim do século XIX, que tinha Wilhelm Dilthey como um de seus representantes. Ele entendia que tanto as ciências humanas quanto as ciências sociais eram as **ciências do espírito** (em alemão, *Geisteswissenschaften*), as quais também deveriam considerar as ações humanas para que não fossem destituídas de sentido (Dilthey, 1948).

Mais tarde, já em meados do século XX, outras interpretações pesaram sobre a relação entre essas ciências, como a de que ambas as áreas são também históricas e, portanto, há uma troca de metodologias e epistemologias entre as duas (Gadamer, 2006). O historiador Jorge Grespan afirma que as ciências humanas e as ciências sociais tiveram, ainda no século XIX, suas estruturas e limites estreitados, inclusive no que se refere ao modo como as compreendemos no século XXI, porém não sem conflitos. O que se transformou foi a organização das universidades em diversos cursos, fato que, em uma simples distribuição de atribuições, acabou por potencializar as especializações, as quais, em um primeiro momento, se opõem à interdisciplinaridade necessária ao trabalho do historiador, visto que, ao mesmo tempo que há tantos saberes em debate sendo aprofundados nas universidades, também há um distanciamento das demais áreas (Grespan, 2005).

Como demonstraremos no decorrer de nossa análise, se por um lado há divisões, por outro há reciprocidade entre as ciências humanas e as ciências sociais. Não se trata apenas de uma resposta à superespecialização diante dos temas novos que surgiram com as novas possibilidades de análise, mas de uma convivência necessária que faz com que as ciências humanas abram suas ementas para disciplinas vizinhas, sem perder sua especificidade.

Nesse sentido, é possível afirmar que vertentes como a **micro-história** de Carlo Ginzburg, a *New Left* de Thompson ou mesmo a **nova história cultural** fazem parte dessas apropriações, as quais, por sua vez, tornaram-nas correntes historiográficas significativas no entendimento da consciência humana sobre si e seu tempo. Com relação à sociologia, o diálogo se aprofundou ainda no início do século XX. Um dos exemplos possíveis é o de Henri Berr, ao fundar, em 1900, a *Revue de Synthèse Historique* (*Revista de Síntese Histórica*), em que a ideia de transdisciplinaridade é mais comum. Outro bom exemplo são os próprios Annales, que, ao defenderem o uso de metodologias para as mais diversas áreas, causaram profundas transformações na historiografia (Revel, 1996).

É importante enfatizar que a **transdisciplinaridade** é mais independente, ou seja, de uso comum, ao passo que a **interdisciplinaridade** mantém laços específicos com suas disciplinas. Lucien Febvre, um dos líderes dos movimentos dos Annales, chegou a trabalhar com os projetos de Henri Berr, o que demonstra a proximidade entre eles, além do debate sobre como "fazer história".

Desse modo, os Annales reforçaram uma prática que já havia despertado interesse em outros pesquisadores: a **interdisciplinaridade**. Contudo, foi com os Annales das gerações seguintes, influenciadas pelos princípios de Febvre e Bloch, que tais práticas ganharam notoriedade. Nesse sentido, áreas como a antropologia, a geografia, a filosofia, a linguística, a psicologia e a sociologia passaram a ter diversas de suas metodologias e conceitos mais explorados pela história. Essas disciplinas, junto com a análise de fontes, permitiram à história desvendar e aprofundar questões relacionadas ao tempo histórico, a outras possibilidades de duração do tempo ou mesmo às organizações sociais.

Do encontro com as ciências sociais durante o século XX a história trouxe diversas influências. O sujeito, como um ser humano e social, pautado por instituições econômicas e políticas, também ganhou ação na história política, social, econômica, cultural, geográfica e demográfica. Além disso, a história deixou de ser vista apenas como uma área que caminha ao lado da filosofia, passando a ser vista também como um campo mais social. O que entendemos desse período é que a nova história, corrente historiográfica comum a esse tempo, passou a defender não apenas a descrição do que seriam os fatos históricos, mas também a análise de como se constituíram, considerando-se as estratégias e os discursos em meio aos quais um acontecimento ou outro foi gerado.

Enfim, observou-se a necessidade de haver uma teoria histórica que se distanciasse da filosofia da história, característica do século XIX, o que possibilitou uma **síntese histórica** – denominação dada por Berr –, a qual deu início ao debate historiográfico e também interdisciplinar.

> **Preste atenção!**
>
> A abertura dos limites impostos pela história a outras disciplinas, bem como sua aproximação mais direta com outras áreas do saber, tem nos Annales e na figura de François Simiand (1873-1935) um novo contexto historiográfico.
>
> Simiand era discípulo do sociólogo Émile Durkheim (1858-1917), em um contexto em que a sociologia ainda estava relacionada à filosofia e à pedagogia. Entre 1902 e 1905, ele retomou as publicações de Henri Berr e fez apropriações de conceitos tanto da história quanto da geografia para a publicação de *Método histórico das ciências sociais*, fazendo uma crítica aos estudos de Charles Victor Langlois e Charles Seignobos (os principais historiadores da escola metódica). Segundo Simiand, a história ensinada por essa escola era historicizante, isto é, tornava o passado imutável, inquestionável, bem como mantinha um olhar unilateral (Revel, 2010).

> Nesse sentido, o que mais incomodou os historiadores desse período foi a acusação de que faltava um método científico ou mais empirista. É importante ressaltar que foi exatamente nesse contexto que alunos da escola metódica, como Febvre e Bloch, começaram a disputar espaço com Langlois e Seignobos, dois dos principais professores da Universidade de Sorbonne.
> Uma das discussões que se estabeleceram teve como tema o **fato singular** (Revel, 2010, p. 29), que deveria ser questionado, conforme Simiand, a fim de que não fosse mais considerado um dado pronto, devendo-se relacioná-lo aos processos históricos em uma perspectiva serial, a qual permitiria uma análise mais problemática, porque apontaria regularidades e, posteriormente, relações. Dessa forma, de acordo com Revel (2010, p. 29), "A dimensão temporal poderá servir então de lugar de experimentação para uma abordagem científica dos fatos sociais que requer a comparação na sincronia e na diacronia e que, em termos, acabará sobre a identificação de sistemas".

Com base em uma nova organização do tempo, que condenava a cronologia para os estudos históricos, a história acabou se distanciando de uma união que se iniciava, firmada com as ciências sociais. Com relação aos historiadores Febvre e Bloch, cerca de 20 anos depois, algumas propostas de Simiand parecem ter sido influenciadoras: a história-problema, a construção do objeto e de modelos e, principalmente, a ideia de formar uma ciência dos homens, ou seja, as ciências humanas (Revel, 2010).

É preciso considerar que a relação da história com outras disciplinas também propiciou inúmeras inovações, relacionadas às mais diversas especializações e linguagens do fazer historiográfico, como a história econômica, social ou mesmo demográfica. Não obstante, houve o rompimento da história como um saber único e autossuficiente.

Dessa forma, levanta-se a seguinte questão: Onde se situavam e quais eram essas metodologias e conceitos interdisciplinares?

(1.3)
História serial e história quantitativa

No contexto da escola dos Annales, mais especificamente a partir de 1930, houve a emergência da história serial e da história quantitativa, além de uma aproximação significativa com os estudos econômicos.

> **Importante!**
>
> A **história serial**, nesse caso, é entendida como uma prática que analisa um acontecimento em séries justapostas e que dão sentido ao entendimento historiográfico, ao passo que a **história quantitativa** busca compreender os acontecimentos com base na quantificação de dados e elementos.

Nos anos de 1930, os Annales ganharam notoriedade em seus estudos historiográficos, especialmente com essas perspectivas metodológicas e conceituais. Ernest Labrousse foi um dos líderes mais importantes das ideias dos Annales em meados do século XX, mais especificamente da segunda fase dessa escola histórica (1946-1969).

Entretanto, a história quantitativa é anterior à década de 1940, pertencendo ao fim do século XIX – com o intuito de entender a história dos preços, economicistas já lançavam essa estratégia como inovadora em seus estudos. Essa área, que chamamos de *economia histórica*, por sua vez, utilizou-se de documentos de arquivos organizados por historiadores, ou seja, não somente ofereceu à história a inspiração de uma metodologia, mas teve na fonte dos institutos históricos uma colaboração interdisciplinar. De acordo com Burke (2002), as análises históricas desse período permitiram um significativo crescimento dos estudos sobre os preços dos produtos e até mesmo acerca do crescimento população.

A partir de 1930, Labrousse envolveu-se diretamente com a escola dos Annales, mais especificamente de 1930 a 1969. Nesse contexto, ao pensar em seus estudos vinculados a uma história econômica, também influenciou os estudos seriais e demográficos, além da própria história das mentalidades.

Labrousse, proveniente da faculdade de Direito e de Economia, afirmava ser influenciado pelas ideias de Simiand (Revel, 2010). Isso se devia tanto à formulação dos princípios da história econômica quanto à influência de ideias seriais em outras disciplinas.

Nesse sentido, a perspectiva historiográfica das histórias serial e quantitativa esteve presente desde a primeira geração dos Annales (após o lançamento da *Revista dos Annales*, em 1929), atravessou o que seria a segunda geração, cuja influência maior proveio dos estudos de Fernand Braudel, e perdeu fôlego apenas no início da terceira geração. Isso ocorreu no período em que houve o debate sobre a **ficcionalização da história** e o **retorno da narrativa**. Diante dessas complexas discussões, a história serial perdeu o restante de seu prestígio.

A história serial foi predominante entre os anos 1930 e 1970. O objetivo era produzir séries dos mesmos tipos de fontes, em uma estratégia um tanto homogeneizante, buscando-se traços do que entendemos por *regularidades* ou *variações*, ou seja, aquilo que é comum ou diferente quando analisado em conjunto com as fontes.

Foi nesse período também que surgiu o cuidado com o uso do método quantitativo no que se refere a uma abordagem total ou parcial. A primeira poderia ser entendida como recortes históricos com menos fontes, ou com menos sujeitos sociais a serem estudados; já a segunda está relacionada a um período com muitas fontes. Nesse último caso, é preciso ter um cuidado: se há um recorte e, portanto, também uma amostragem, o historiador deve se posicionar de modo evidente no texto, expondo suas questões iniciais, escolhas de objetos e problemáticas, a fim de contextualizar sua pesquisa (Burke, 2002). Nesse caso, em uma hipotética análise sobre crimes contra mulheres ao longo de 20 anos em determinado estado (que acarretaria a reunião de muitas fontes, dado o longo prazo), o pesquisador deve evidenciar o porquê da escolha de seus processos, ou seja, estabelecer e explicar seus critérios de seleção de fontes.

A metodologia também pode ser empregada com relação aos acontecimentos históricos, entendidos como eventos ocorridos em determinado período de tempo. Quanto aos temas, a história serial está ligada aos **estudos regionais**, de acordo com Burke (1997).

> **Preste atenção!**
>
> Após uma forte influência da história demográfica, os estudos de longa duração de Fernand Braudel (1902-1985) e a conjuntura de Ernest Labrousse (1895-1988) formaram o que se chamou nos Annales de **história regional**. Os temas eram variados, porém quase sempre influenciados pelas perspectivas de estrutura e conjuntura (Burke, 1997).

Os conceitos de *estrutura* e *conjuntura* foram pensados especialmente por Braudel. Nesse caso, tal estratégia conceitual é uma opção para problematizar mais a história, buscando-se eliminar qualquer imagem de causalidade linear e natural associada aos processos históricos, isto é, os acontecimentos podem ser compreendidos em diferentes temporalidades. Pequenos marcos que envolvem pouco tempo – um ano ou um dia, por exemplo – também podem estar inseridos em uma conjuntura maior (décadas), a qual, por sua vez, pertence a determinado século. Este último se parece mais com uma estrutura – em virtude de seu longo prazo, as permanências e as mudanças parecem demorar mais a acontecer (Braudel, 1961, p. 72).

É importante ressaltar que esta última ideia também permite pensar que em um mesmo objeto histórico – como o recorte sobre um século – coexistem diferentes temporalidades, pois dependem mais de sua perspectiva cultural. Nesse caso, é como Braudel (1969, p. 50) alerta: "uma estrutura é, sem dúvida, reunião, arquitetura, mas mais ainda, uma realidade que o tempo tem dificuldade em desgastar e que ele veicula longamente". Assim, essa abordagem colabora com a eliminação de uma perspectiva teleológica ou evolutiva da história.

Burke (2004, p. 73) faz a seguinte afirmação sobre a história serial:

> *Quase sempre são divididos em duas partes, estruturas e conjunturas, e se fundamentam em fontes que possibilitam dados bastante homogêneos, do tipo que permite serem arrolados em longa duração, tais como tendências dos preços e taxas de mortalidade. O próprio nome "história serial" se origina desse fato (Chaunu, 1970). Analisando essas teses, pode-se compreender a observação de Ladurie de que a "revolução quantitativa transformou completamente o trabalho do historiador na França".* (Le Roy, 1973, p. 7)

Ao trazer novas possibilidades de análise e até de organização das informações sobre as fontes, a história quantitativa acabou se tornando uma estratégia ou metodologia do fazer historiográfico. A exposição de inúmeras informações, de detalhes e de características observadas em um tipo de fonte que nem sempre era alvo de problematização, além da exaustiva descrição, também se tornou comum. Essa ação passou a ser recorrente, especialmente em estudos de temas econômicos, visto o número alto de índices e informações, e na história demográfica.

Isso se deve especialmente à ideia de que toda escrita histórica (ou narrativa) pode ser caracterizada como uma representação ou consciência sobre determinado tempo, ou seja, uma perspectiva fundamentada no contexto histórico de quem escreve, ou até de acordo com o contexto das fontes (Revel, 1996).

Entretanto, como qualquer processo histórico, não se inicia ou se termina abruptamente coisa alguma. Pierre Chaunu (1923-2009), historiador que atuou entre a segunda e a terceira geração dos Annales, aponta que desde o fim do século XIX economicistas já utilizavam perspectivas quantitativas para interpretar seus objetos de estudo. Tal iniciativa se potencializou com a Crise de 1929 nos Estados Unidos. Segundo Chaunu (1976, p. 73), esse acontecimento gerou o seguinte efeito:

> *As grandes obras que alimentaram toda a História econômica depois da Segunda Guerra Mundial – desde a Esquisse [Labrousse, 1933] à Mediterranée [Braudel, 1949] [...] são obras pensadas, concebidas, jorradas na atmosfera da crise de 1929 e na duração repleta de seus múltiplos prolongamentos.*

Dessa forma, é possível inferir da obra de Chaunu que, com os grandes impactos causados pela Crise de 1929, intelectuais e responsáveis pelo entendimento social e econômico do período passaram a buscar também na história as respostas para seu presente, de acordo com um princípio econômico.

> **Preste atenção!**
>
> Simiand sofreu forte influência das ideias de Karl Marx (Burke, 1997). Isso ocorreu quando o historiador francês fez um largo estudo sobre a economia francesa do século XVIII, o que chamamos de **estudos dos preços**. Com sua pesquisa, Simiand influenciou Labrousse. Assim, podemos compreender o porquê do peso econômico sobre os estudos populacionais e demográficos fundamentados na história quantitativa.
>
> A referência a Labrousse deve-se à influência dos estudos seriais, bem como de suas teses, cujos títulos em francês são: *Esquisse du mouvement des prix et des revenus en France au XVIII siècle* (*Esboço do movimento de preços e rendimentos na França do século XVIII*), de 1933; e *La crise de l'économie française à la fin de l'Ancien Régime et au début de La Révolution* (*A crise da economia francesa no final do Antigo Regime e no início da Revolução*), de 1944 (Burke, 1997).

Labrousse, influenciado pelos estudos de Simiand, debateu o materialismo histórico, relacionado à história econômica ou economia histórica, e a perspectiva quantitativa foi utilizada como uma metodologia em todo o seu trabalho. Aliás, foi Labrousse quem influenciou os Annales para que se empregasse o método quantitativo nas análises de influência da história econômica na segunda fase desse movimento.

Essa influência se estabeleceu pelo modo como conduziu sua investigação histórica:

Labrousse defendia que uma má colheita na França do século tinha um efeito devastador, determinando tanto um declínio nas rendas rurais como também no ainda grande mercado rural para a indústria. Também demonstrava a importância da crise econômica do final da década de 80 como uma precondição da Revolução Francesa (Burke, 1997, p. 68)

Os estudos de Labrousse contêm diversos indicadores econômicos, os quais permitem entender os contextos aos quais se referem. Entretanto, a maior crítica direcionada ao historiador francês é que, com base nos dados, Labrousse direcionava suas questões investigativas, isto é, a fim de chegar a determinado resultado, ignorava um elemento e frisava outros. Essa observação evidencia que o historiador não busca neutralidade em seus estudos, porém questões de partida ou uma problemática definida devem guiar sua trajetória de pesquisa.

Obviamente, isso não torna os estudos, ou historiadores como Labrousse, menores. Todavia, demonstra como a historiografia e, consequentemente, a história como disciplina buscaram no século XX metodologias que colaborassem com as novas possibilidades de análise levantadas ainda pelos historiadores da escola dos Annales, como Bloch e Febvre.

Apesar das críticas, Burke aponta que Labrousse se estendia em suas inquietações para além das interrogações relacionadas à economia. Questões ligadas às revoluções de 1789 e de 1848 e à trajetória social da burguesia na França também aparecem (Burke, 1997, p. 69). Esses desdobramentos indicam como a metodologia quantitativa pode ser o início de um estudo mais qualitativo, ou seja, os dados sugerem temas que acabam por se tornar alvo de novas pesquisas.

Nesse caso, o objetivo de Burke é mostrar como Labrousse sofreu mudanças no decorrer do trabalho, algo que pode ocorrer com qualquer historiador. Quanto mais investigava, mais questões se tornavam importantes para o debate. Do mesmo modo, Chaunu (1955-1960), ao fazer a análise de um tema baseado no Oceano Atlântico e no litoral de Sevilha, entre 1955 e 1960, utilizou muitos dados, entre os quais é possível citar o número de mercadorias que eram transportadas pelo referido oceano entre a Espanha e o Novo Mundo (1504-1560). Após essa leitura, Chaunu (1955-1960) buscou entender quais eram os produtos e, consequentemente, as tendências econômicas mais significativas para aquele grupo social e aquele período histórico. Sua prioridade foi compreender quais foram as mudanças econômicas e sociais entre os séculos XVI e XVII, visto que houve uma retração na expansão comercial (Burke, 1997).

No que diz respeito à afirmação sobre a influência da economia, ou aquilo que foi entendido como área historiográfica, à história econômica e à perspectiva serial e quantitativa, a citação a seguir é esclarecedora:

Historicamente, no seio da nossa muito velha disciplina, que justapõe tantos e tantos domínios cada vez mais heterogêneos, é à História Econômica que cabe o privilégio de mudar a História, de dar progressivamente origem a uma forma de história, a que chamamos serial, que sobrepõe suas próprias exigências, próximas das Ciências Sociais, às exigências sempre válidas da História tradicional [...]. (Chaunu, 1976, p. 69-70)

O texto, escrito na década de 1970, representa o tom de uma nova história, carregada e influenciada pela trajetória da historiografia permeada pelos Annales do século XX. No entanto, é preciso ressaltar que há diferenças. Para os economicistas, estudos seriais e quantitativos sempre são analisados conjuntamente, em detrimento de assuntos relacionados à história econômica. Essa não é a postura de historiadores, pelo contrário, eles apenas receberam tais influências e as adaptaram. Tanto a história quantitativa quanto a serial podem ser utilizadas de modo separado, conferindo-se mais destaque à metodologia serial nesse caso.

Chaunu (citado por Barros, 2012, p. 218), ao fazer uma análise sobre os preços de produtos alimentícios, afirma o seguinte: "De todos os ramos da História econômica, a História dos preços é, sem discussão, a que obteve, no sentido de uma História da medida, no que se refere aos Tempos Modernos e mesmo à Idade Média, os resultados mais decisivos". Nessa perspectiva, entender os preços ao longo da história e dos processos históricos que causaram transformações significativas é crucial para o trabalho do historiador. Afinal, isso pode informar sobre questões relacionadas à desigualdade entre os diversos grupos, aos modos de produção ou mesmo à forma como as terras eram exploradas.

Entretanto, tal como Labrousse foi questionado em seu período sobre a semelhança com a história serial, também é possível fazer um questionamento em nosso contexto com base nos princípios historiográficos atuais. Assim, a história serial despertou muitas discussões. Ela foi criticada por condensar diversas perspectivas em um só tema: os nomes de famílias tradicionais que se avolumavam em decretos ou decisões políticas; ações judiciárias que se repetiam da mesma forma ao longo do tempo; possibilidades de pecado ou de milagres confessados, porém sem serem aprofundados, entre outros exemplos.

Burke (2002, p. 57) faz uma reflexão sobre as contribuições de uma história de metodologia, também quantitativa:

> *Braudel não contou com dados estatísticos para toda a região, mas teve de extrapolar com base em dados parciais que não formavam uma amostra*

no sentido estrito do termo. Os historiadores especialistas em economias industriais constroem, a partir de dados relativamente abundantes e precisos, modelos matemáticos que podem ser expressos em forma de equações [...].

Tal perspectiva trouxe, a partir dos anos 1950, a ideia de um modelo econômico para compreender um espaço e os grupos sociais nele inseridos. Entender esses dados e chegar a termos como *queda, baixas de preços, inflação*, entre outros, permite que o pesquisador se depare com momentos de mudança e de permanência, os quais evidenciam os conflitos e as disputas entre as relações de poder que envolvem não só o campo econômico, mas todas as práticas sociais e culturais.

1.3.1 História quantitativa nas décadas de 1970 e 1980

É perceptível que o modelo de história econômica incentivado por Labrousse e sua geração, embora com foco quantitativo-serial, ampliou os temas e as possibilidades de análise. Passou-se de uma história de preços a uma busca na conjuntura pelo momento em que houve a emergência de uma crise e a instauração de conflitos entre os grupos sociais e transformações. Do mesmo modo, a estrutura também passou a ser analisada, considerando-se as mudanças econômicas e políticas posteriores à Segunda Guerra Mundial (1939-1945).

As mudanças mais significativas ocorreram com o Maio de 1968, em que os movimentos sociais, como o feminismo e o movimento negro, trouxeram novos objetos para os historiadores. Novos sujeitos sociais e fontes integraram o rol de análise historiográfica: se as minorias estavam excluídas das sociedades e da própria escrita da história, fontes como a história oral e tantas outras também deveriam ser incorporadas. Além dos aspectos econômico e social que há muito tempo eram considerados, houve a influência do conceito de cultura, vindo da antropologia.

Entendeu-se que a história serial apontava inúmeros acontecimentos ao longo do tempo que eram pouco problematizados. Aliás, esse é um dos pontos que diferenciam uma análise quantitativa de uma qualitativa, isto é, questionar o porquê de algo, estabelecer uma relação com o contexto e entender em que medida tal dado esclarece uma questão sobre um acontecimento. Outro ponto crucial é a ideia de que as fontes, mesmo representadas pelos dados de análise quantitativa, também são passíveis de manipulação e de interesses.

Nesse sentido, o método quantitativo foi comparado inúmeras vezes à perspectiva serial. Isso porque o fato de o pesquisador dispor de todos os dados possíveis, baseados em gráficos, dias, semanas, produtos comprados ou vendidos, censos distribuídos por bairros ou nascimentos, ou qualquer outro critério para separar e entender uma fonte, não dá a ele o entendimento complexo sobre um acontecimento em si. O pesquisador, nesse caso, precisa interpretar, fazer um recorte temporal e também uma pergunta inicial para começar uma investigação. Essa estratégia de ação está vinculada aos interesses de uma metodologia da história. É importante considerar que, por um tempo, houve a influência de um modelo sociológico e que o caráter interdisciplinar defendido por muitos teóricos, desde os Annales, possibilita que haja diferenciações nos usos desse método.

Essa ressalva está relacionada, portanto, ao modo como o método quantitativo foi interpretado nas ciências sociais. Sobre isso, a socióloga Maria Cecília de Souza Minayo e o físico Odécio Sanches (1983) afirmam que incentivar uma análise apenas quantitativa é permitir que a organização do mundo social, ou seja, as relações sociais, seja vista de uma maneira geral, sem que especificidades de sujeitos ou ações individuais sejam investigadas. Nesse caso, as experiências dos indivíduos não são aprofundadas.

Ao fazerem essas considerações, Minayo e Sanches (1983) sugerem que esse tipo de postura investigativa caracteriza um comportamento positivista da ciência. Dessa forma, para adquirir a fonte da experiência dos sujeitos, é preciso observar como se dá o constructo social e analisar todos os dados relacionados à vivência, especialmente as características exteriores que se referem às ações propriamente ditas. Ainda assim, o método quantitativo nas ciências sociais, para teóricos como Sanches e Minayo (1983), tem uma perspectiva muito mais comparativa com relação à sua aplicação na área de história. Nesse caso, as ciências sociais, que tanto influenciaram a história em seus métodos e teorias, ao utilizarem o método quantitativo, geram indicadores, tendências e possibilidades.

Na história, a trajetória tende a ser outra, visto que seu objeto de pesquisa também é diferente. O método quantitativo indica diversas possibilidades de análise ou elementos que compõem um período, um lugar, uma sociedade; porém, ele não traz respostas prontas sobre o acontecimento.

Burke (1997) afirma que, apesar de toda a crítica recebida pelos Annales, nos anos 1960 e 1970 a história quantitativa já era muito relacionada ao estudo das populações, ou seja, sobre como as diversas cidades, bairros ou mesmo vilas estavam divididas e quais eram suas características.

> Com o intuito de finalizar as ideias aqui expostas e estimular a constante reflexão sobre a narrativa histórica, lembramos que é necessário ter em mente que a história é escrita de acordo com a sua relação com o tempo, com a memória e com o contexto.

O fazer historiográfico tem como base duas estruturas: a teoria e a metodologia. Ambas, de acordo com cada tempo histórico e as respectivas pesquisas, compõem a historiografia. Esta, portanto, é o acúmulo, o *modus operandi* que se estabeleceu na trajetória da disciplina histórica, repleta de inúmeros historiadores e pesquisadores, que, por sua vez, representam escolas históricas. Nesse conjunto formado por essas estruturas está presente ainda uma constante reflexão sobre o próprio exercício do historiador, ou seja, como este correspondeu ao seu tempo e como, ao longo da história da historiografia, é possível entender o lugar de seu profissional, assim como de sua disciplina.

Nesse sentido, não há metodologia ou teoria mais ou menos correta. Há a tendência do contexto, pois, se a história é filha de seu tempo, os historiadores também o são. Assim, entendemos que a história igualmente não é algo somente do passado, visto que está em constante revisão – o presente também determina o que se pergunta à própria historiografia e influencia a escolha dos objetos.

É importante frisar ainda que tanto o método quantitativo quanto o qualitativo visam colaborar com uma história que seja múltipla, que atenda os diversos grupos sociais, marginalizados ou não, tendo como objetivo central trazer a pluralidade humana para o registro histórico.

Por fim, é possível afirmar que uma análise quantitativa tem um intuito diferente de uma análise qualitativa, o que permite concluir que uma não anula a outra: a quantitativa, mesmo que busque levantar muitos dados, não pode ser apontada apenas como objetiva ou "menos científica". Já a investigação qualitativa evidencia os valores de um período, ou seja, quais eram as crenças, os hábitos culturais e os elementos que davam legitimidade a um grupo social, as práticas identitárias que uniam e diferenciavam uns e outros. A investigação qualitativa, em geral, dá especificidade e permite que o pesquisador tenha um olhar mais internalizada das articulações sociais e culturais, sejam elas coletivas, sejam elas individuais. De qualquer forma, utilizar uma metodologia mais qualitativa não garante uma reflexão profunda sobre uma problemática.

Exemplo prático

Como é possível perceber, o método quantitativo foi estabelecido no meio historiográfico para dar mais complexidade à categoria *tempo* e à forma como as sociedades se percebem. Trata-se de uma metodologia que muito contribuiu para o modo como entendemos o fazer historiográfico. Com base nessas reflexões, vamos pensar em algo prático, ou seja, em como iniciar um estudo que considere dados quantitativos até evidenciar uma perspectiva qualitativa?

1) Tema
Perceber uma influência religiosa mais predominante em uma cidade.

Problemática
Entender de que modo determinada religião interfere em decisões políticas, econômicas e culturais. Por exemplo, poderiam ser estudadas as medidas aprovadas na Câmara dos Vereadores ou a ação da Associação Comercial.

Método quantitativo

- Quais são as religiões predominantes em determinada cidade?
- Quantas igrejas existem de cada religião?
- Quantas pessoas frequentaram essas igrejas ao longo dos anos?
- Quais são os bairros mais presentes em determinadas igrejas?

Método qualitativo
Neste momento, tendo em vista os dados levantados em bases como o Instituto Brasileiro de Geografia e Estatística (IBGE) ou instituições das cidades pesquisadas, é preciso pensar em outras fontes, a fim de aprofundar as primeiras informações encontradas.

Possibilidades de fontes ou de direcionamentos nas fontes:

- entrevistas;
- jornais;
- publicidades;
- comparação com outros estudos, buscando-se entender a renda econômica da religião identificada inicialmente como a mais forte.

O cruzamento de dados quantitativos e qualitativos pode dar início a uma análise mais complexa sobre um tema ou colaborar para o entendimento de uma problemática.

2) Tema
Auschwitz como um lugar de memória.

Problemática
Você já deve ter ouvido falar do campo de concentração de Auschwitz. Ele é um lugar de memória, ou seja, um lugar para que lembremos algo, para que tenhamos consciência do processo histórico lá representado e evitemos que um genocídio se repita. Vamos pensar em sua organização. Existem vários barracões logo que se passa pela entrada. Esses barracões tinham uma divisão durante a guerra: por sexo, etnias, tendências políticas ou mesmo tempo de permanência no campo. Atualmente, existe uma preocupação em expor também os objetos lá encontrados, como sugerem algumas fotos do local, desde louças a fios de cabelo. Nesse sentido, como podemos problematizar, em um lugar de memória como Auschwitz, a exposição de tantos objetos?

Figura 1.2 – Campo de concentração de Auschwitz, na Cracóvia (Polônia)

Lorena Zomer

Método quantitativo
Objetos: Quantos? De que tipo?

Método qualitativo
Objetos: Quais relações e representações dos objetos podem ser sugeridas em uma análise?

Síntese

Neste capítulo, buscamos apresentar perspectivas sobre o fazer historiográfico do século XX, especialmente aquelas referentes às metodologias quantitativa e qualitativa empregadas na história.

Ricardo Selke (Org.)

Os métodos quantitativo e qualitativo estão relacionados às inovações e aos debates inaugurados por muitos historiadores que compõem a escola dos Annales. Mesmo que as primeiras incursões nesse tema sejam notadas ainda no final do século XIX, no âmbito dos estudos da história econômica de François Simiand, ele ganhou, no decorrer do tempo, olhares diferentes, que surgem junto com novas interpretações da própria teoria da história, como aconteceu com Ernest Labrousse e até mesmo Pierre Chaunu, historiadores da segunda e terceira gerações dos Annales, respectivamente, ou mesmo com os historiadores que fazem parte da história cultural.

Com essa abordagem, pudemos esclarecer que os métodos de análise quantitativo e qualitativo, por vezes, caminham juntos e colaboram para a produção de uma história mais plural, de acordo com as perguntas feitas pelos historiadores que os utilizam.

Indicações culturais

Livros

BRAUDEL, F. **O Mediterrâneo e o mundo Mediterrânico**.
São Paulo: M. Fontes, 1984. 2 v.

> Essa obra, escrita por Fernand Braudel, está seccionada de acordo com diferentes períodos e formas de dividir o tempo: a ideia de território pela qual pouco se percebe o tempo passar; os ciclos econômicos e sociais; as possibilidades de recortes longos de tempo; os recortes breves e múltiplos em uma mesma temporalidade cultural ou referente ao calendário. Não é possível perceber uma história linear ou única em uma perspectiva evolucional, afinal as histórias são muitas. Há um

conjunto de narrativas compostas por vários olhares e interpretações relacionadas ao Mediterrâneo, às questões naturais e humanas que o circundam.

CHAUNU, P. **Sevilha e a América nos séculos XVI e XVII.** São Paulo: Difel, 1980.

Esse livro explora as relações entre economia, história e história econômica. O recorte temporal é feito entre os séculos XVI e XVII, cujo tema são as navegações no Oceano Atlântico e o comércio entre a Espanha (Sevilha) e o território americano, ou o chamado *Novo Mundo*. O historiador Pierre Chaunu preocupa-se em analisar a conquista desse novo território e tem como perspectiva de análise as grandes estruturas e conjunturas.

Site

MUSEU NACIONAL. Disponível em: <http://www.museunacional.ufrj.br/dir/exposicoes/arqueologia/index.html>. Acesso em: 6 maio 2020.

Navegue no *site* do Museu Nacional. Todos lamentamos o incêndio do museu e, consequentemente, a destruição de tantas peças, mas o *site* oferece acesso a um acervo bem extenso. Observe que é possível encontrar imagens relacionadas às áreas de paleontologia, arqueologia, geologia, antropologia biológica, zoologia e etnologia.

Atividades de autoavaliação

1. Assinale a alternativa que corresponde às mudanças historiográficas que ocorreram na primeira metade do século XX:
   a) A escola dos Annales defendia que a historiografia deveria ter como foco uma história política.
   b) A interdisciplinaridade pouco acrescentou aos Annales. As maiores contribuições ocorreram no âmbito da história social dos anos 1980.
   c) Os metódicos predominaram até meados do século XX, especialmente no que diz respeito às perspectivas de uma história econômica.
   d) Leopold von Ranke liderou o movimento dos Annales.
   e) Os Annales deram ênfase a novas perspectivas de análise das fontes, além de permitir a ampliação do que era considerado fonte.

2. Uma das obras que colaboraram para a caracterização da escola dos Annales como uma das mais importantes do século XX foi a de Pierre Chaunu. Sobre ela podemos afirmar:
   a) O trabalho *Sevilha e Atlântico* teve destaque por utilizar dados econômicos, os quais foram interpretados de forma direta.
   b) Pierre Chaunu fez uma abordagem mais social em seus estudos, mesmo considerando os aspectos econômicos.
   c) Pierre Chaunu considerou tanto as tendências de mudanças econômicas quanto as sociais no contexto dos séculos XVI e XVII.

d) Os estudos de Pierre Chaunu, ao considerarem as tendências econômicas, permitiram observar uma diminuição no comércio dos séculos XVI e XVII.
e) Pierre Chaunu contribuiu com os estudos econômicos ao seguir as diretrizes do sociólogo François Simiand.

3. Leia o trecho a seguir:

Historicamente, no seio da nossa muito velha disciplina, que justapõe tantos e tantos domínios cada vez mais heterogêneos, é à História Econômica que cabe o privilégio de mudar a História, de dar progressivamente origem a uma forma de história, a que chamamos serial, que sobrepõe suas próprias exigências, próximas das Ciências Sociais, às exigências sempre válidas da História tradicional [...]. (Chaunu, 1976, p. 69-70)

No que diz respeito às considerações sobre a história econômica e as perspectivas serial e quantitativa, é correto afirmar:

a) Segundo Pierre Chaunu, a história econômica mudou a historiografia do século XX, desde o período em que foi influenciada pelas ciências sociais.
b) As ciências sociais ofereceram as principais metodologias do trabalho historiográfico atual.
c) As ciências sociais determinaram e ainda determinam os princípios da história econômica.
d) O método qualitativo incentivado pela história metódica foi repensado de acordo com os princípios de uma história mais tradicional.

e) A história econômica, influenciada por metodologias da sociologia, foi uma influência para a historiografia no século XX.

4. O historiador Ernest Labrousse foi considerado um dos mais importantes da segunda geração dos Annales para o crescimento do uso do método quantitativo. Sobre isso podemos afirmar:
   a) Ernest Labrousse foi o responsável pelo início do debate da história econômica e quantitativa.
   b) Ernest Labrousse influenciou o método histórico das ciências sociais, junto com François Simiand.
   c) Ernest Labrousse inaugurou o método quantitativo em estudos sobre o Mediterrâneo.
   d) Ernest Labrousse trouxe novos temas à historiografia ao dar ênfase às análises da história econômica e ao método quantitativo.
   e) Apesar da importância dos estudos de Ernest Labrousse, ele pouco acrescentou à história econômica.

5. Ao se pensar em uma história quantitativa, a ideia geral é que essa metodologia pouco oferece à historiografia atual. Do mesmo modo, é possível observar que poucas pesquisas não passam por uma análise quantitativa. Sobre isso podemos afirmar:
   a) Utilizar a metodologia quantitativa se traduz em reduzir as fontes a poucas possibilidades de análise.
   b) O método quantitativo pouco acrescentou à historiografia, visto que a amostragem como opção de pesquisa não demonstra a complexidade de um acontecimento histórico.

c) O método quantitativo foi resultado da influência da história econômica e permite a reflexão sobre a organização de fontes e dados.

d) Uma pesquisa qualitativa só é possível quando o pesquisador não estabelece parâmetros quantitativos anteriormente.

e) O método quantitativo se reduz às pesquisas econômicas.

Atividades de aprendizagem

Questões para reflexão

1. Diferencie o método quantitativo do método qualitativo em uma análise histórica.

2. Estabeleça uma relação entre as transformações historiográficas causadas pelos princípios dos Annales e os novos temas de pesquisa.

3. Com base na discussão deste capítulo, analise os diferentes usos dos métodos quantitativo e qualitativo.

Atividade aplicada: prática

1. Se você decidisse trabalhar com os hábitos de leitura dos frequentadores de uma biblioteca, por exemplo, sua questão inicial poderia ser: Como pensar a influência das leituras realizadas naquele espaço sobre a vida desses leitores?

   Primeiramente, seria preciso fazer um recorte temporal (por exemplo, o período de 1930 a 1935). E então, como você poderia iniciar seu trabalho? Seria preciso ter acesso aos livros de registro, os quais se constituiriam em suas principais fontes. E depois, como proceder? Como fazer a coleta desses dados? Quais características seriam escolhidas e divididas em tópicos/colunas para separar os leitores e suas leituras? Em que aspectos os dados seriam diferenciados em quantitativos e qualitativos? Seria necessário pensar em tabelas, colunas e planilhas para que, em um segundo momento, junto com a teoria, você pudesse apresentar todos os elementos para iniciar a problematização da questão proposta inicialmente.

Tendo em vista esse exemplo, elabore uma atividade com base na seguinte pergunta: Como as leituras realizadas podem influenciar as escolhas e profissões das pessoas ou mesmo as produções literárias?

Capítulo 2
Construção de tipologias e banco de dados documentais

Natália Bellos

Neste capítulo, abordaremos o trabalho com documentos por meio da análise de duas importantes práticas: a tipologia documental e o banco de dados documental. Para isso, apresentaremos algumas definições básicas das áreas de arquivologia, tipologia e tecnologia da informação, a fim de tornar compreensíveis as ferramentas e os processos com os quais os profissionais que lidam com os processos de catalogação, organização, armazenamento e disponibilização de documentos certamente se deparam.

O objetivo deste capítulo é que você, leitor, entenda a importância das tipologias e dos bancos de dados documentais e os desafios presentes em suas respectivas estruturações, bem como alguns dos pontos fundamentais envolvidos em seus processos de implementação.

(2.1)
O DOCUMENTO

Antes de tratar dos temas do capítulo, é preciso analisar brevemente o conceito de *documento*, que embasa o restante das conceituações aqui enfocadas. Como demonstraremos, boa parte do capítulo se presta, justamente, a apresentar e discutir algumas definições básicas sobre os termos presentes em nossa abordagem, especialmente porque a literatura disponível sobre eles não apresenta uma congruência de opiniões. Cada definição vai depender da fonte consultada. É por isso que tentaremos, também, ao final da exposição sobre cada uma, traçar os aspectos comuns a todas, a fim de facilitar sua compreensão de maneira geral.

Documento é um conceito que varia de acordo com a área em que se reflete sobre ele. O historiador Jacques Le Goff (1990, p. 537), ao abordar o tema, explica que "O termo latino *documentum*, derivado de *docere*, 'ensinar', evoluiu para o significado de 'prova' e é amplamente usado no vocabulário legislativo". No século XIX, o documento firma-se como a fonte primeira de investigação e consulta histórica, sendo entendido como sinônimo de *texto*. É apenas no século seguinte, com o trabalho desenvolvido pela escola dos Annales, que o entendimento acerca do termo passa por uma revisão. Por isso Samaran (citado por Le Goff, 1990, p. 541) afirma que "Não há história sem documentos [...]. Há que tomar a palavra 'documento' no sentido mais amplo, documento escrito, ilustrado, transmitido pelo som, a imagem, ou de qualquer outra maneira".

Como se vê, o conceito de documento expandiu-se e passou a contemplar diversas produções humanas além das fontes escritas/impressas. Imagens (fotografias, filmes, películas, negativos, pinturas), diários, objetos, vestígios de diversos tipos agora são abarcados sob o mesmo guarda-chuva documental para os historiadores, sendo passíveis de uso para a pesquisa e o trabalho do historiador.

Para a arquivologia, ciência que estuda os arquivos (seus preceitos teóricos e práticos para a organização dos arquivos e as funções do arquivista) e áreas relacionadas, o conceito de documento é diferente e se fundamenta em outros parâmetros. Mais do que isso, o tratamento dado ao documento também é bastante diferente.

O *Dicionário brasileiro de terminologia arquivística* descreve *documento* como "Unidade de registro de informações, qualquer que seja o suporte ou formato" (Brasil, 2005, p. 173). A partir desse ponto, ele apresenta uma descrição dos vários tipos de documentos possíveis, sendo alguns deles o audiovisual (documentos com imagens fixas ou em movimento), o bibliográfico (impressos), o cartográfico (mapas, plantas, entre outros), o classificado (submetido a algum tipo de sistema de classificação), o digital (codificado em dígitos binários) e assim por diante.

Já o Arquivo Nacional (Brasil, 2011, p. 10, grifo do original) apresenta a seguinte definição:

> Documento é toda unidade de registro de informações, qualquer que seja o suporte ou formato, suscetível de ser utilizada para consulta, estudo, prova e pesquisa, por comprovar fatos, fenômenos, formas de vida e pensamentos do homem numa determinada época ou lugar.
>
> Entende-se por **suporte** o material no qual são registradas as informações, enquanto **formato** é o conjunto das características físicas de apresentação, das técnicas de registro e da estrutura de informação e conteúdo de um documento.
>
> Todo documento é uma fonte de informação, como, por exemplo, livros, revistas, jornais, manuscritos, fotografias, selos, medalhas, filmes, discos e fitas magnéticas.

Schellenberg (2007, p. 41), por sua vez, afirma que documentos são

> Todos os livros, papéis, mapas, fotografias ou outras espécies documentárias, independentemente de sua apresentação física ou características, expedidos ou recebidos por qualquer entidade pública ou privada no exercício de seus encargos legais ou em função das suas atividades e preservados ou depositados para preservação por aquela entidade ou por seus legítimos sucessores como prova de suas funções, sua política, decisões, métodos, operações ou outras atividades, ou em virtude do valor informativo dos dados neles contidos.

Como podemos perceber, uma característica comum a todas essas definições é o fato de o documento apresentar ou carregar em si uma **carga informacional relevante** que diz respeito a algo acerca da sociedade e da época em que foi produzido ou que serve como prova em relação a determinada situação.

(2.2)
Arquivologia[1]: breve histórico, normas e orientações gerais

A arquivologia apresenta uma série de normas e indicativos sobre o trato com os documentos. Por isso, num primeiro momento, vamos nos ater rapidamente ao histórico do desenvolvimento das normas arquivísticas para, na sequência, aprofundarmos alguns dos aspectos que precisam ser levados em consideração pelo arquivista e as particularidades que ele assume sob a ótica da arquivística.

Essa área buscou a padronização de suas atividades tardiamente. Foi só a partir da década de 1980, com os computadores, que o trabalho passou a ser sistematizado e, mais do que isso, internacionalmente padronizado. A mobilização teve início no Canadá, que sugeriu ao Conselho Internacional de Arquivos (CIA), em 1988, a criação de normas internacionais de descrição de arquivos/documentos. Após reuniões em Paris e na Alemanha, foi organizada uma comissão que se responsabilizou pela elaboração das normas para descrição de documentos arquivísticos, a *General International Standard of Archival Description* – ISAD(G) (Norma Geral Internacional de Descrição Arquivística), de 1994.

Esse documento sofreu modificações em 1996 e, no mesmo ano, durante o Congresso Internacional de Arquivos realizado em Pequim, a comissão foi transformada em Comitê de Normas de Descrição (CND), com a inclusão da participação brasileira.

---

1 *A arquivologia é apresentada como ciência, como disciplina ou, finalmente, como sinônimo de* arquivística, *ou seja, como área referente aos princípios e normas que devem ser observados na elaboração, organização e utilização de arquivos. Assim, os termos apresentados serão usados levando-se em conta essa definição.*

Mesmo com a existência da ISAD(G), era necessário que o Brasil tivesse suas próprias normas técnicas, pois

> *A ISAD(G), exatamente por pretender ser internacional, aplicável a todos os tipos de materiais arquivísticos, utilizável tanto em sistemas manuais quanto automatizados de descrição, tem um alto grau de generalidade, definindo apenas a macroestrutura da descrição, deixando a definição quanto a procedimentos específicos para outras esferas de decisão, nacionais ou institucionais. Daí a insistência do CND sobre a necessidade de normas nacionais e, consequentemente, a necessidade de cada país refletir sobre sua realidade e criar normas próprias.* (Conarq, 2006, p. 8)

Assim, partindo-se dessa premissa, o país criou, por meio da Portaria n. 56, de 10 de setembro de 2001 (Conarq, 2001), a Câmara Técnica de Normalização da Descrição Arquivística (CTNDA), com a finalidade de apresentar normas que seriam discutidas e aprovadas pelo Conselho Nacional de Arquivos e, depois, aplicadas no país. Foi mediante os trabalhos da CTNDA que surgiu a **Norma Brasileira de Descrição Arquivística (Nobrade)**, um dos documentos mais importantes da área no âmbito nacional.

A Nobrade não tem o propósito de apenas replicar o que se expõe na ISAD(G), muito menos de rivalizar com esse documento, e sim de complementá-lo, voltando-se para as demandas brasileiras. Além disso, ele também permite trocas facilitadas no âmbito internacional. Vale destacar ainda que a Nobrade foi fundamental em um momento em que os profissionais da arquivística não estavam, de maneira geral, familiarizados com a ISAD(G) e em que havia apenas a tradução desse documento para o português de Portugal.

Além da Nobrade, vale destacar o Conselho Nacional de Arquivos (Conarq), em cujo *site* se encontra compilada a legislação arquivística brasileira (atualizada em dezembro de 2017), bem como a Lei n. 8.159, de 8 de janeiro de 1991 (Brasil, 1991), que dispõe sobre a política nacional de arquivos públicos e privados[2]. Os estados também apresentam os próprios manuais de gestão de documentos. O *Manual de gestão de documentos do Estado do Paraná*, por exemplo, está disponível para consulta no *site* do Arquivo Público do Paraná[3].

A Nobrade apresenta as normas para descrição arquivística. Elas englobam 8 áreas que se desdobram em 28 elementos de descrição:

(1) Área de identificação, onde se registra informação essencial para identificar a unidade de descrição;

(2) Área de contextualização, onde se registra informação sobre a proveniência e custódia da unidade de descrição;

(3) Área de conteúdo e estrutura, onde se registra informação sobre o assunto e a organização da unidade de descrição;

(4) Área de condições de acesso e uso, onde se registra informação sobre o acesso à unidade de descrição;

---

2   Essa lei define gestão de documentos *como "conjunto de procedimentos e operações técnicas à sua produção, tramitação, uso, avaliação e arquivamento em fase corrente e intermediária, visando a sua eliminação ou recolhimento para guarda permanente* (Brasil, 1991, art. 3º) e estabelece que *"Todos têm direito a receber dos órgãos públicos informações de seu interesse particular ou de interesse coletivo ou geral, contidas em documentos de arquivos, que serão prestadas no prazo da lei, sob pena de responsabilidade, ressalvadas aquelas cujo sigilo seja imprescindível à segurança da sociedade e do Estado, bem como à inviolabilidade da intimidade, da vida privada, da honra e da imagem das pessoas"* (Brasil, 1991, art. 4º). *Esse artigo revela uma importante dimensão relativa aos documentos e à relevância da gestão documental: seu papel a serviço da sociedade. Os documentos não são organizados e catalogados apenas pela simples preservação histórica destes ou para o acesso de pesquisadores e especialistas. A sociedade civil também tem direito de usufruir desse acesso e das informações ali contidas.*

3   PARANÁ. Departamento Estadual de Arquivo Público. **Manual de gestão de documentos do Estado do Paraná:** Classe 00 – atividades-meio. Curitiba: Imprensa Oficial, 2019. Disponível em: <http://www.arquivopublico.pr.gov.br/modules/conteudo/conteudo.php?conteudo=70>. Acesso em: 13 fev. 2020.

(5) Área de fontes relacionadas, onde se registra informação sobre outras fontes que têm importante relação com a unidade de descrição;

(6) Área de notas, onde se registra informação sobre o estado de conservação e/ou qualquer outra informação sobre a unidade de descrição que não tenha lugar nas áreas anteriores;

(7) Área de controle da descrição, onde se registra informação sobre como, quando e por quem a descrição foi elaborada;

(8) Área de pontos de acesso e descrição de assuntos, onde se registra os termos selecionados para localização e recupe ação da unidade de descrição.

Todos os elementos de descrição apresentam:

a – título;

b – objetivo;

c – regra(s) geral(is) aplicável(is);

d – comentários, em que são fornecidas informações sobre a importância e o funcionamento do elemento de descrição;

e – procedimentos, que detalham a(s) regra(s) geral(is);

f – exemplos ilustrativos de maneiras de uso do elemento e de interpretação de sua(s) regra(s). (Conarq, 2006, p. 18)

Ainda que apresente 28 elementos de descrição, a Nobrade indica também que apenas 7 são obrigatórios ou indispensáveis: código de referência; título; data(s); nível de descrição; dimensão e suporte; nome(s) do(s) produtor(es); e condições de acesso (Conarq, 2006).

Note que a descrição se dá no nível do documento individual, buscando-se a maior quantidade possível de informações para defini-lo, descrevê-lo e situá-lo no tempo, como vemos no exemplo a seguir.

Quadro 2.1 – Guia de fundos

Resultado da pesquisa para:	inventário
Registro mostrado:	1 de 1 existentes
Código de referência:	BR APPR PI 002
Título:	Tobias de Macedo
Data(s):	1876 – 1929
Nível de descrição:	Coleção
Dimensão e suporte:	0,15 metros lineares de documentos textuais.
Nome dos produtores:	Tobias de Macedo.
História adm./biografia:	Capitalista e negociante, casado com Rosa Fonseca. Possuía um comércio de fazendas, armarinhos, machados, calafados, consignações e mais gêneros. Era um homem de posses consideráveis, possuindo bens na capital e também em Campo Largo, além disso, fazia viagens para a Europa com a família. Fez sociedade com vários negociantes, sempre mantendo o nome de "Tobias de Macedo e Companhia". Além do comércio, tinha outras fontes de renda, como o aluguel de suas casas. Exerceu também a função de procurador. Após sua morte, seus filhos assumem os negócios, mudando para "Tobias de Macedo e Filhos". Em 1920 já havia falecido.
Âmbito e conteúdo:	A coleção é constituída de escrituras de compra e venda, contrato de aluguel, declarações, notas promissórias, correspondências, extratos bancários, certidões de autos de inventários, recibos e contrato de dissolução de firma.

(continua)

(Quadro 2.1 – conclusão)

Notas do arquivista:	Descrição revista e preparada por Tatiana Dantas Marchette, historiadora e técnica do Arquivo Público do Paraná, e Bruna Marina Portela, estagiária do curso de História na Divisão de Pesquisa Histórica do DEAP. Para a biografia de Tobias de Macedo, foram usados os próprios documentos do fundo.
Regras ou convenções:	Descrição baseada em: CONSELHO INTERNACIONAL DE ARQUIVOS. ISAD (G): Norma geral internacional de descrição arquivística: segunda edição, adotada pelo Comitê de Normas de Descrição, Estocolmo, Suécia, 19-22 de setembro de 1999, versão final pelo CIA. Rio de Janeiro: Arquivo Nacional, 2000. RIBEIRO, Antonia Motta de Castro Memória. AACR2 :Anglo-American cataloguing rules, 2nd edition: descrição e pontos de acesso. Brasília: CEDIT, 1995.
Datas de descrição:	Abril de 2001/abril de 2004

Fonte: Paraná, 2020a.

O Quadro 2.1 apresenta um documento arquivado no Arquivo Público do Paraná, no caso, um inventário (séculos XIX-XX). Informações como essa estão disponíveis para pesquisa e consulta no *site* do Arquivo Público e seguem os padrões da arquivística (note que os 7 elementos obrigatórios de descrição indicados pela Nobrade estão presentes).

É importante destacar ainda que a arquivística trabalha com o conceito de *documentos arquivísticos* ou *documentos de arquivo*, assim definidos:

> *todos aqueles que, produzidos e/ou recebidos por pessoa física ou jurídica, pública ou privada, no exercício de suas atividades, constituem elementos de prova ou de informação. Formam um conjunto orgânico, refletindo as*

ações a que estão vinculados, expressando os atos de seus produtores no exercício de suas funções. Assim, a razão de sua origem ou a função para a qual são produzidos é que determina sua condição de documento de arquivo, e não a natureza do suporte ou formato. (Brasil, 2011, p. 10)

Observe que o inventário exemplificado no Quadro 2.1 se encaixa na definição dada pelo Arquivo Nacional, pois é um elemento "de prova ou de informação" que expressa "atos de seus produtores no exercício de suas funções" (Brasil, 2011, p. 10). O conceito exposto indica, assim, uma especificidade na concepção de documentos, que definirá tanto o trabalho referente a arquivos quanto a tipologia documental (que veremos a seguir). Esses documentos de arquivo contam com quatro características essenciais que os distinguem dos demais. São eles:

1. **Proveniência**: também chamada de *princípio de respeito aos fundos*, estabelece que arquivos produzidos por determinada entidade – seja ela coletiva, seja ela pessoal (jurídica ou física) – não devem ser misturados a arquivos de outras entidades produtoras.
2. **Indivisibilidade**: também conhecida como *integridade arquivística*, determina que o documento fora de seu meio de origem perde seu significado. Está ligada ao princípio de proveniência.
3. **Organicidade**: é essencial para que um conjunto de documentos possa ser classificado como arquivo. Esse princípio se refere às relações que os documentos mantêm entre si e que expressam as funções ou atividades da entidade, pessoa ou organização que os gerou.
4. **Unicidade**: de acordo com esse princípio, o documento de arquivo deve apresentar caráter único em função de seu contexto de origem. Na arquivística, entende-se como *único* o documento que, em "determinado contexto de produção, no momento de sua gênese,

com aqueles caracteres externos e internos genuínos e determinados dados, os fixos e os variáveis, [...] é único, não podendo, em qualquer hipótese, haver outro que lhe seja idêntico em propósito pontual, nem em seus efeitos" (Bellotto, 2002, p. 23).

Para encerrar esta seção, faz-se necessário apresentar outros termos relevantes referentes aos documentos de arquivos (Brasil, 2011).

Gênero documental
É o conjunto de classes documentais similares em aspectos como suporte e molde que demandam tratamento especializado. São exemplos de gêneros documentais os documentos textuais (impressos, manuscritos ou datilografados, geralmente tendo papel como suporte); os cartográficos (plantas e mapas); os audiovisuais (documentos com imagens fixas ou em movimento e registros sonoros); os micrográficos; os digitais e eletrônicos.

Espécie documental
É a divisão do gênero documental que congrega os tipos documentais em virtude do formato do documento. "As espécies documentais, portanto, podem ser definidas tanto em razão da natureza dos atos que lhes deram origem quanto pela forma de registro dos fatos" (Brasil, 2011, p. 14). Atos normativos, enunciativos, de assentamento, comprobatórios, de ajuste e de correspondência são todos atos normativos, portanto constituem uma espécie documental.

Tipo documental
Refere-se à reunião de documentos em razão de suas formas de registro, da origem do conteúdo ou da fórmula diplomática. Entre as espécies de carta, por exemplo, podemos indicar como tipos documentais as cartas régias, as cartas patentes, entre outras.

Essas classificações estão exemplificadas no Quadro 2.2.

Quadro 2.2 – Exemplo de tipo, espécie e gênero documental

Tipo documental	Espécie documental	Gênero documental
Decreto-lei Decreto judiciário Decreto legislativo	Decretos	Textual

Alguns desses termos serão retomados na próxima seção, em que abordaremos de maneira mais aprofundada a tipologia documental.

(2.3)
TIPOLOGIA DOCUMENTAL

Foi na década de 1980, ou seja, praticamente em paralelo com o desenvolvimento da arquivologia, que a tipologia documental ganhou maior expressividade e foi empregada na arquivística, a partir da publicação do *Manual de tipologia documental de los municipios* (1988) pelo Grupo de Trabajo de los Archiveros Municipales de Madrid. O manual tornou-se uma das principais referências na área, pois aborda os tipos documentais mais usuais produzidos pela administração pública municipal. Até então, as pesquisas voltavam-se mais para a análise diplomática[4]. De fato,

---

4   Bellotto (2002, p. 13, grifo do original) define a diplomática da seguinte forma: "A **Diplomática**, por definição, ocupa-se da estrutura formal dos atos escritos de origem governamental e/ou notarial. Trata, portanto, dos documentos que, emanados das autoridades supremas, delegadas ou legitimadoras (como é o caso dos notários), são submetidos, para efeito de validade, à sistematização imposta pelo Direito. [...] Assim sendo, não é possível dissociar a diagramação e a construção material do documento do seu contexto jurídico-administrativo de gênese, produção e aplicação".

Os documentos de arquivo, quando custodiados por instituições arquivísticas, tradicionalmente recebiam tratamento técnico de organização a partir de critérios migrados da Diplomática. Diante do surgimento de um novo campo de estudo denominado Tipologia Documental, o documento de arquivo, agora posto em contexto, passa a ser tratado como documento arquivístico, ou seja, em relação direta com seus pares em um quadro classificatório estabelecido. (Troitiño-Rodriguez, 2012, p. 243)

Mas o que seria a tipologia documental? Os autores que discutem o tema apresentam diversas definições. Bellotto (2002, p. 19) explica que a tipologia documental é

> a ampliação da Diplomática em direção à gênese documental, perseguindo a contextualização nas atribuições, competências, funções e atividades da entidade geradora/acumuladora. Assim, o objeto da Diplomática é a configuração interna do documento, o estudo jurídico de suas partes e dos seus caracteres para atingir sua autenticidade, enquanto o objeto da Tipologia, além disso, é estudá-lo enquanto componente de conjuntos orgânicos, isto é, como integrante da mesma série documental[5], advinda da junção de documentos correspondentes à mesma atividade. Nesse sentido, o conjunto homogêneo de atos está expresso em um conjunto homogêneo de documentos, com uniformidade de vigência (BELLOTTO, 1989).

> [...] a Tipologia, por suas características intrínsecas, concede uma maior importância ao procedimento administrativo, dando relevância ao conjunto orgânico no qual o documento se situa, e não ao "discurso" de cada um (HEREDIA HERRERA, 1985).

---

5   A série documental é a "subdivisão da estrutura hierarquizada de organização de um fundo ou coleção que corresponde a uma sequência de documentos relativos à mesma função, atividade, tipo documental ou assunto" (Conarq, 2006, p. 16).

Já Troitiño-Rodriguez (2012, p. 244) esclarece que, com a tipologia documental, os documentos passam a ser entendidos como documentos arquivísticos: trata-se do "documento produzido ou recebido por pessoa física ou jurídica no exercício de uma atividade, em estreita conexão com o contexto legal-administrativo de sua criação". Em outras palavras, esses documentos são reunidos de acordo com a atividade que os gerou, a partir de uma função específica dentro de uma instituição ou entidade.

O *Dicionário brasileiro de terminologia arquivística*, por sua vez, não apresenta uma definição para *tipologia documental*, mas para *tipo documental*:

> Divisão de espécie documental que reúne documentos por suas características comuns no que diz respeito à fórmula diplomática, natureza de conteúdo ou técnica do registro. São exemplos de tipos documentais cartas precatórias, cartas régias, cartas-patentes, decretos sem número, decretos-leis, decretos legislativos, daguerreótipos, litogravuras, serigrafias, xilogravuras. (Brasil, 2005, p. 143)

No entanto, é importante destacar que *tipo* e *tipologia documental* não são sinônimos ou equivalentes. A tipologia documental serve justamente para analisar elementos e padrões que constituem os tipos documentais, que são as unidades básicas com as quais a tipologia lida. De acordo com Bellotto (2002, p. 27, grifo do original), "os documentos de arquivo apresentam-se sob a forma material de espécies documentais, cujos correspondentes coletivos são os tipos documentais. **Espécie documental** é a configuração que assume um documento de acordo com a disposição e a natureza das informações nele contidas".

A tipologia documental, assim, nada mais é do que um campo de estudo que tem por objetivo analisar, estabelecer e reconhecer os tipos documentais, ou seja, as espécies documentais que apresentam uma natureza/contexto de origem semelhante. Sua aplicação está diretamente ligada à arquivística, ainda que o foco mude da análise de cada documento em particular (como vimos no exemplo do inventário) para o exame das características em comum que eles apresentam como grupo ou unidade. Isso acarreta, portanto, uma nova forma de análise desse material. Como aponta Troitiño-Rodriguez (2012, p. 244), as implicações da tipologia documental são de grande impacto na arquivologia:

> No emprego da técnica de análise tipológica, características internas e externas[6] da composição do documento fundem-se a elementos contextuais de produção, tramitação e uso dos registros, fortemente condicionada por uma perspectiva orgânica. Esta abordagem analítica marca de forma contundente os estudos do campo da Arquivologia, redirecionando para uma nova perspectiva o documento de arquivo e integrando-o à cadeia de ações motivadoras do registro.

Entendida a definição de tipologia documental e sua relação com a arquivística, é preciso responder ainda qual seria a função ou a importância da tipologia documental. Troitiño-Rodriguez (2012, p. 248-249) indica algumas delas, a começar pela seguinte:

> Diante da premissa de que todo documento arquivístico é necessariamente o assentamento de uma atividade dentro da função específica que propulsionou sua criação, o traçar da evolução de determinados tipos

---

6 Bellotto (2002, p. 23-25) afirma que os elementos externos têm a ver com a estrutura física e a forma de apresentação dos documentos (espaço, volume, formato, forma etc.). Já os elementos internos referem-se ao assunto abordado no documento, à sua proveniência e função. É apenas por meio da análise desses elementos, aliados à garantia de vigência dos quatro princípios da arquivística (proveniência, indivisibilidade, organicidade e unicidade), que é possível traçar uma análise tipológica adequada de documentos.

documentais, por meio da comparação de sua fórmula em diferentes períodos ao longo dos séculos, pode contribuir para evidenciar certas rupturas e permanências das práticas administrativas e sociais, ainda mais quando a documentação em questão se refere a ações tão próximas do cotidiano da população como as produzidas pelos aparelhos de justiça.

Além desse aspecto prioritariamente social, a autora apresenta outras situações em que a tipologia documental se aplica. É por meio do estudo delas que se podem comparar documentos similares produzidos em diferentes recortes temporais para verificar se eles apresentam o mesmo padrão documental, o que auxilia no estudo das séries documentais. Por outro lado, é possível comparar ainda unidades documentais diferentes que fazem parte de uma mesma série, unindo-se análise de tipologia e de diplomática, em um esforço cujo resultado revela o "modo como a informação é registrada, de acordo com as funções e atividades, pelas estruturas organizacionais responsáveis pela produção documental" (Troitiño-Rodriguez, 2012, p. 249).

A autora aponta, contudo, que a tipologia documental extrapola as funções descritas anteriormente, uma vez que

> *não se limita apenas a documentos do passado, a massa documental acumulada e aos trabalhos de organização e disponibilização de acervos. Serve também aos estudos da produção documental nos dias de hoje, ao identificar os tipos documentais recorrentemente produzidos e suas variações formulares, contribuindo para a racionalização da máquina administrativa.* (Troitiño-Rodriguez, 2012, p. 249)

De fato, se a tipologia documental permite a organização de documentos por origens afins, promovendo, com isso, agilidade no acesso e na consulta a esse material, a falta da tipologia e de sua aplicação prática causa o efeito contrário. Sem critérios definidos de criação, organização e classificação, os registros documentais tornam-se um empecilho para as administrações pública e privada, gerando custos financeiros e de tempo às organizações, que não conseguem acessar e compreender rapidamente os documentos de que dispõem e as informações ali dispostas.

Identificar a ampla produção documental existente de empresas e órgãos públicos possibilita também pavimentar o caminho para tal produção no futuro, já dentro de padrões que auxiliem as organizações e garantam uma gestão arquivística realmente eficiente. É preciso lembrar, assim, que a tipologia documental não se apresenta como uma etapa burocrática dentro do ramo da arquivologia, mas como uma ferramenta essencial para a boa operacionalidade e manejo de documentos e acervos.

2.3.1 TRABALHANDO COM TIPOLOGIA DOCUMENTAL

A tipologia documental é uma área relativamente nova dos estudos arquivísticos. Sua inovação está em considerar os documentos com base não nos órgãos responsáveis por eles, mas nas atividades e nos processos para os quais foram criados:

> *Na perspectiva tradicional da arquivística, para o conhecimento da gênese do documento, devemos partir da análise do geral para o particular, do órgão para o resíduo material do exercício de suas competências, que é o documento que circula e é acumulado no arquivo. Este é um axioma arquivístico para um segmento de teóricos na área, mas que vem se tornando objeto de reflexão entre os profissionais que estudam as questões de naturezas teórico-metodológicas propostas pela diplomática contemporânea, também chamada de tipologia documental.*

O método de análise proposto pela tipologia documental, invertendo a perspectiva metodológica, se fundamenta no princípio de que é no procedimento administrativo que reside a contextualização e a chave para compreender o tipo documental. (Rodrigues, 2002, p. 47)

Com isso, a tipologia documental apresenta-se não como uma substituta dos antigos métodos arquivísticos – especialmente porque há críticas segundo as quais ela seria incapaz de, sozinha, apontar todas as informações necessárias referentes à proveniência identificada nos documentos –, mas como um complemento que auxilia na investigação dos profissionais da área:

> *A metodologia diplomática [...] é um método analítico de investigação, que não se fixa nos órgãos produtores, mas nos procedimentos administrativos de criação dos documentos, sem desconsiderar, entretanto, as estruturas organizacionais e as competências a elas atribuídas. O documento "fala por si mesmo".* (Rodrigues, 2002, p. 50)

Com base nesse ponto de vista, Bellotto (2002, p. 21) explica como trabalhar ao realizar a tipologia documental, indicando o que é preciso reconhecer, identificar ou estabelecer com relação aos documentos analisados: (1) sua origem ou proveniência, ponto-chave da própria documentação arquivística; (2) sua vinculação à competência e as funções da entidade acumuladora; (3) a associação entre o tipo documental e a espécie em questão; (4) o conteúdo; e (5) a datação.

O exemplo a seguir ajuda a perceber como a tipologia documental opera:

> *as organizações empresariais podem apresentar as seguintes tipologias documentais: informação estratégica que apoia o planejamento e o*

processo de tomada de decisão e, por sua vez, possibilita definir ações de médio e longo prazo; informação sobre o negócio que possibilita a prospecção e o monitoramento de concorrentes e entrantes, bem como observar o comportamento dos clientes; informação financeira que possibilita o processamento de custos, lucros, riscos e controles; informação comercial que subsidia as atividades relacionadas às transações comerciais no país e no exterior; informação estatística como séries históricas, estudos comparativos etc.; informação gerencial que auxilia a gestão da qualidade, o gerenciamento de projetos, a gestão de pessoas etc.; informação tecnológica que subsidia a pesquisa e desenvolvimento (P&D) buscando a inovação de produtos, materiais e processos. (Valentim, 2012, p. 14-15)

Observe como, no exemplo, as tipologias empresariais são todas definidas a partir das atividades, dos processos aos quais correspondem os documentos. É justamente pelos processos aos quais estão vinculados ("possibilita o processamento de custos, lucros, riscos e controles", "subsidia as atividades relacionadas às transações comerciais no país e no exterior") que esses documentos são agrupados e descritos. Esse tipo de organização só é possível com base em intensa análise dos documentos, levando-se em conta os aspectos citados anteriormente (sua natureza, seus aspectos internos e externos). Destaca-se também o fato de que, justamente por essas características, o trabalho de tipologia documental pode ser deveras específico, resultando em um atendimento diferenciado a cada empresa que dela lançar mão. Ao mesmo tempo, ela pode ser aplicada tanto em empresas públicas/governamentais quanto em entidades privadas, pois em ambos os casos se lida com um mínimo de padronização documental.

(2.4)
BANCO DE DADOS: DEFINIÇÃO E BREVE HISTÓRICO

Passamos agora à análise de outra importante ferramenta do trabalho arquivístico: o banco de dados. A organização da informação está atrelada à própria origem desta: a partir do momento em que há seu registro, surge também a necessidade de sistematizá-la e organizá-la, para seu controle e facilidade de acesso e consulta.

Historicamente, esse controle ocorreu de forma manual, com o suporte de livros ou fichas de consulta. Foi no século XX, porém, que os sistemas de organização documental ganharam novo fôlego, especialmente com o advento dos computadores e a massiva quantidade de informações que passou a ser produzida e compartilhada.

Nesse sentido, os bancos de dados (cuja origem data da década de 1950) apresentam-se como importantes ferramentas no âmbito da informática e da arquivística, bem como na prática de todos aqueles que dependem da sistematização organizada de documentos para a realização de trabalhos de pesquisa.

Existem diversas definições para *banco de dados*. Heuser (1998, p. 2) apresenta uma definição bastante simples para o termo: "conjunto de dados integrados que tem por objetivo atender a uma comunidade de usuários".

Gillenson (2008, citado por Bevilacqua, 2010, p. 15) apresenta uma definição mais completa ao afirmar que "o banco de dados é tido como uma coleção ordenada de elementos de dados relacionados com a função de suprir as necessidades de informação de uma organização e possibilitar o compartilhamento por usuários múltiplos".

Nessa perspectiva, o banco de dados apresenta como requisitos os seguintes aspectos (Bevilacqua, 2010, p. 16):

- *trata-se de uma coleção de elementos de dados com uma ordem própria (selecionada e não aleatória). Tais elementos devem estar conectados da forma mais lógica possível;*
- *os elementos de dados não são estruturas soltas. Eles são inter-relacionados e pertinentes dentro da lógica organizacional;*
- *o banco de dados é concebido para suprir demandas de informação específicas de uma organização. Dados e informações que não se encaixam nessas demandas específicas estão no lugar errado;*
- *dados e informações do banco de dados são compartilhadas (colaboração e acesso voltados para os objetivos organizacionais).*

Ressaltamos o fato de que o banco de dados apresenta os elementos agregados por afinidade e em uma ordem preestabelecida e não aleatória, mas que responde a demandas de uma organização, o que suscita a necessidade do banco. As informações agregadas no banco de dados também precisam estar acessíveis e ser compartilhadas (aspecto válido principalmente para instituições públicas, conforme ilustra a Figura 2.1).

Figura 2.1 – Página do banco de dados do Arquivo Público do Paraná

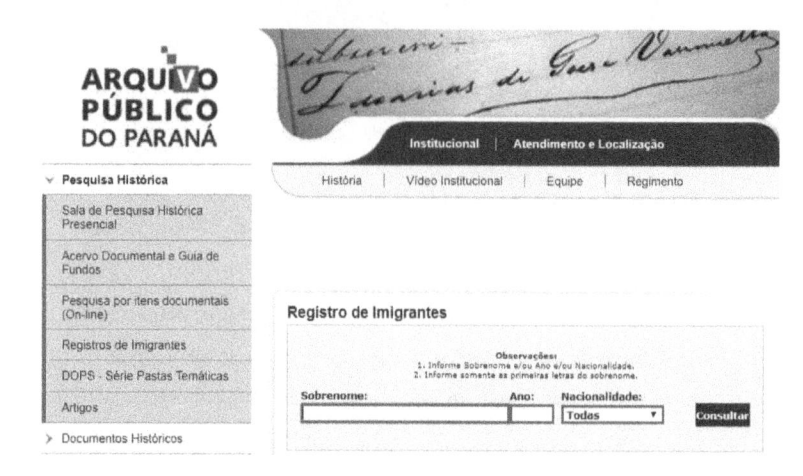

Fonte: Paraná, 2020b.

O Arquivo Público do Paraná disponibiliza *on-line*, entre outros, o banco de dados relativo aos imigrantes que chegaram ao Estado pelo Porto de Paranaguá[7]. Basta inserir o sobrenome a ser pesquisado, além de dados adicionais, se existentes, para a realização da pesquisa. Esse material é procurado principalmente por pessoas que buscam obter dupla cidadania.

---

7   O site *do Arquivo Público informa o seguinte sobre o banco de dados:* "traz informações dos registros de imigrantes presentes no Arquivo Público do Paraná, oriundos dos desembarques realizados no Porto de Paranaguá, entradas em hospedarias e em núcleos coloniais existentes no território da província do Paraná entre os anos de 1876 a 1879 e 1885 a 1896, totalizando aproximadamente 100.000 registros.
   As informações aqui fornecidas (nome, sobrenome, nacionalidade, data de registro e livro) proporcionam ferramentas para que os dados completos sejam encontrados em seu livro original. Cabe ressaltar que a grafia dos nomes e sobrenomes registrados nos livros originais apresenta por vezes discrepâncias, fato que deve ser levado em consideração no momento da pesquisa" *(Paraná, 2020b).*

Bevilacqua (2010, p. 16) sintetiza o conceito ao afirmar que um banco de dados "é um conjunto de dados relacionados [...] com uma ordem lógica própria, sendo criado para suprir demandas específicas (quase sempre institucionais) e compartilhamento de conteúdos". Podemos notar nessa definição o destaque que se dá para o fato de que o banco de dados tem uma especificidade própria, que dependerá diretamente das demandas da instituição que dele necessitar e dos documentos que serão organizados. Como demonstraremos, as normas arquivísticas, as quais os bancos de dados geralmente seguem, podem ser bastante minuciosas, exigindo um banco de dados robusto o suficiente para comportar todas as informações a serem detalhadas.

Definido o que é banco de dados, é válido esclarecer como ele se desenvolveu ao longo do tempo. Podemos dividir esse processo em cinco etapas, de acordo com Medeiros (2007). O início se situa entre as décadas de 1950 e 1960, com o desenvolvimento das primeiras linguagens de programação. Na época, o acesso aos dados era possível diretamente pelo uso de sistemas de linguagem, como o **Common Business Oriented Language (Cobol)** e o **Assembler**[8].

Na década seguinte, surgiram linguagens que conseguiram complementar bancos componentes que descreviam as estruturas e localizações de dados. A **linguagem C**, criada em 1974, permitia especificar tipos e funções para o tratamento de arquivos. Nesse momento, porém, o acesso de dados não era padronizado.

A terceira etapa ocorreu entre o fim da década de 1970 e o início de 1980, com as primeiras experiências de padronização para acesso

---

8   *A esse respeito, Heuser (1998, p. 2) explica: "No início, quando usavam-se linguagens como COBOL, Basic, C e outras, os programadores incorporavam em um programa toda funcionalidade desejada. O programa continha as operações da interface de usuário, as transformações de dados e cálculos, as operações de armazenamento de dados, bem como as tarefas de comunicação com outros sistemas e programas".*

de dados. As companhias de *software* passaram a ofertar **Sistemas de Gerenciamento de Banco de Dados (SGBDs)**.

No final da década de 1980, houve a quarta etapa de desenvolvimento dos bancos de dados, com o surgimento da **Standard Query Language (SQL)**, que finalmente promoveu um padrão de linguagem universal de acesso aos bancos de dados.

Finalmente, entre o fim dos anos de 1990 e o começo dos anos 2000, foram criados os modelos mais avançados de banco de dados (como aqueles orientados a objetos). Ferramentas de inteligência artificial também passaram a ser utilizadas.

2.4.1 Modelos de banco de dados

Os bancos de dados são normalmente divididos em alguns tipos ou modelos, como é o caso dos modelos hierárquico, em rede e relacional (Turban, 2004). Nessa perspectiva, ainda pode ser acrescentado o modelo orientado a objetos.

No **modelo hierárquico**, os dados são estruturados em hierarquias, ou árvores, de maneira rígida e interdependente. Como explica Bevilacqua (2010, p. 18-19), há uma única raiz e os dados são baseados em modelos de estrutura vertical. "Dentre suas vantagens estão o controle, a velocidade de recuperação de dados e a eficiência da pesquisa. [...] No entanto, possui fortes desvantagens, como a baixa flexibilidade e uma alta dependência estrutural e a dificuldade de relacionamento entre dados estruturalmente distantes".

O **modelo em rede**, por sua vez, apresenta relacionamentos interestruturais em virtude de suas listas vinculadas. Com isso, há a facilidade do cruzamento de informações, ainda que, em contrapartida, esse seja um modelo de operacionalidade complexa e de difícil implantação. Deve-se ponderar a adesão ao modelo em função de seu custo final.

Já o **modelo relacional** funciona por meio de linhas (registros) e colunas (campos). Esse modelo permite a manipulação de uma única tabela ou de um conjunto de tabelas que se relacionam. A princípio, é de fácil uso e manutenção (embora possa tornar-se complexo e dispendioso, se for operado em projetos com muitas tabelas).

Figura 2.2 – Pesquisa no banco de dados do Museu Paranaense

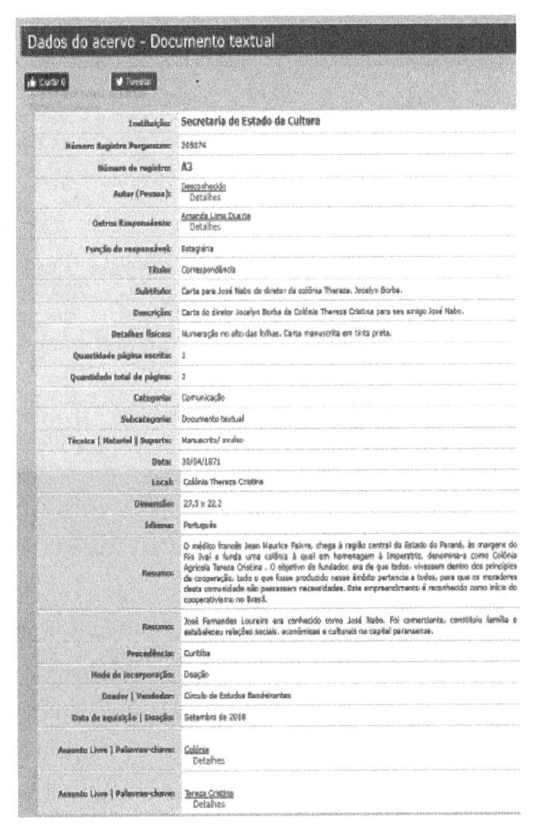

Fonte: Paraná, 2020c.

O Museu Paranaense organizou seu acervo para consulta *on-line* criando um banco de dados que utiliza um sistema integrado de pesquisas comum em bibliotecas, o Pergamum (cuja base é a SQL, comumente empregada em bancos de dados relacionais). No caso do Museu Paranaense, a implantação do Pergamum evidenciou algumas dificuldades da gestão de acervos, especialmente no que se refere à numeração e à tipologia destes, à gestão de coleções e às padronizações. Em 2015, foi implantada uma nova gestão de acervos, a fim de organizar os fluxos de informação e de reordenar as atribuições e responsabilidades do grupo técnico.

Por fim, o **modelo orientado a objetos** é o mais recente e atual no mercado. Nesse caso, como define Bevilacqua (2010, p. 19), "as entidades (itens informativos independentes) são tratadas como objetos, o que possibilita uma abordagem de descrição mais precisa e condizente com o ponto de partida real (referente)". O modelo orientado a objetos permite uma individualização do objeto que o modelo relacional não fornece, por exemplo.

(2.5)
Bancos de dados documentais

Um banco de dados documental ou voltado a documentos é um banco de dados não relacional (NoSQL) utilizado para armazenar e consultar dados como documentos JavaScript Object Notation – JSON (Notação de Objetos JavaScript). Esse modelo é flexível, hierárquico e semiestruturado e tem como uma de suas principais vantagens o fato de considerar cada entidade armazenada como um documento único. Com isso, se apenas aquele documento precisar de alguma atualização, a modificação poderá ser feita sem acarretar prejuízo aos demais. Ao mesmo tempo, ele permite atualizações feitas de maneira pontual e intuitiva, novamente sem a necessidade de alterar todo o conjunto. Assim, apresenta melhor desempenho do que os bancos de dados relacionais, pois, diferentemente destes, os bancos de dados documentais não exigem o relacionamento entre várias tabelas para que se tenha acesso à informação desejada.

O modelo é indicado para perfis de usuários (não à toa, tornou-se muito popular após a criação do Facebook e de outras redes sociais), *blogs*, catálogos (como de produtos de lojas *on-line*) e sistemas de gerenciamento de conteúdo, em que os documentos são registrados em sua unicidade. Os *softwares* mais famosos que lidam com bancos de dados não relacionais são MongoDB, CouchDB, Cassandra e TokyoTyrant.

2.5.1 O BANCO DE DADOS E A ARQUIVÍSTICA

Como vimos, o banco de dados está relacionado com o armazenamento de um conjunto de dados de maneira lógica, ordenada e para atendimento de uma comunidade de usuários. Seu gerenciamento é feito por meio de *softwares* (sistemas de gerenciamento de banco de dados) que executam tal função, os quais não podem ser confundidos com o banco de dados em si. Esses *softwares* permitem definir, recuperar e alterar dados em um banco de dados.

A respeito da elaboração de um banco de dados, Heuser (1998, p. 2, grifo nosso) assim explica suas etapas:

> *O projeto de um banco de dados usualmente ocorre em três etapas.*
>
> *A primeira etapa, a **modelagem conceitual**, procura capturar formalmente os requisitos de informação de um banco de dados.*

*A segunda etapa, o **projeto lógico**, objetiva definir, a nível de SGBD, as estruturas de dados que implementarão os requisitos identificados na modelagem conceitual.*

*A terceira etapa, o **projeto físico**, define parâmetros físicos de acesso ao BD, procurando otimizar a performance do sistema como um todo.*

Pensar no banco de dados e nos passos indicados, como aponta Bevilacqua (2010), é tarefa conjunta do arquivista e do profissional de informática. O primeiro precisa indicar as especificidades e necessidades dos documentos de que dispõe, ao passo que o segundo precisa indicar de que forma tais demandas serão atendidas. Ainda que atualmente o mercado disponha de uma gama de *softwares* e outras ferramentas que auxiliam na construção e gestão do banco de dados, é recomendado – dependendo do material, do interesse e da disponibilidade – que o arquivista pense em um banco de dados personalizado, que atenda às necessidades únicas que seu material apresenta. De qualquer forma, é imprescindível considerar a necessidade de aproximação cada vez maior entre os dois profissionais:

> *O não conhecimento por parte do arquivista de conceitos fundamentais de banco de dados e sistemas informatizados de recuperação da informação – como conceitos específicos, informação, tipologia de bancos de dados,* softwares *disponíveis, avaliação e dimensionamento de* hardware, *integração de sistemas, tipologia de campos de informação, dinâmica de relacionamento de dados, campos e planilhas, sistemas de busca e recuperação, formatação de relatórios de busca, sistema de auditoria de inserção, modificação e exclusão de dados (*log*), metadados, programação orientada a objetos, ferramentas de segurança, autenticação e validação eletrônica, fluxos de trabalho e outros – dificultam seu diálogo com o profissional de tecnologia da informação e impedem o desenvolvimento de sistemas*

adequados, prejudicando enormemente o reconhecimento do papel do arquivista nesse processo. (Bevilacqua, 2010, p. 50)

Além disso, é preciso levar em conta alguns aspectos importantes no momento de se implementar um banco de dados. Confira-os a seguir.

- **Escolha da plataforma:** é preciso que ela garanta flexibilidade estrutural e seja de fácil manutenção e migração, caso necessário.
- **Estrutura do banco de dados:** deve ser pensada e planejada com cuidado pelo arquivista ou responsável, de preferência em conjunto com o programador. O banco deve ser de fácil operacionalidade para seus usuários internos e externos (ou seja, sem estruturas complexas ou que sejam compreensíveis apenas a um público específico).
- **Serviços contratados para programação:** uma equipe que tem o mesmo foco em mente é essencial para o desenvolvimento de qualquer projeto bem-sucedido, e o banco de dados não é exceção. A equipe contratada para viabilizar o projeto precisa entender as demandas que vai atender, além de outras necessidades do projeto em questão.
- **Equipamentos:** é necessário que os equipamentos, como servidores e sistemas de *backup*, estejam aptos a atuar sem prejuízo ao banco e a seus usuários. No exemplo que citamos do Museu Paranaense, um dos problemas iniciais do banco de dados organizado era a dificuldade que os servidores tinham de lidar com as imagens disponibilizadas para pesquisa – não havia como comportar o grande número delas em qualidade aceitável. A solução para não sobrecarregar os servidores e garantir o acesso do público às imagens foi mantê-las com baixa resolução.
- **Demandas reais do projeto e necessidades específicas:** o ideal, ao iniciar um banco de dados, é criá-lo de acordo com as necessidades do momento e adequá-lo às necessidades futuras assim que elas surgirem. Esse ponto está intimamente ligado aos dois primeiros tópicos citados.
- **Ferramentas de busca:** devem ser pensadas a fim de possibilitar a retomada de informações que permitam chegar facilmente ao documento almejado.

Pensar no material ou no acervo que está disponível e na forma como se deseja manejá-lo, bem como nas disponibilidades de organização e estrutura do banco de dados, são questões cruciais no momento de optar por um banco de dados.

Síntese

Neste capítulo, abordamos o trabalho com documentos e as diferentes maneiras de categorizá-los e organizá-los. Documentos são utilizados por profissionais de diferentes áreas, como arquivistas, bibliotecários, museólogos e historiadores, mas cada um o faz à sua maneira. Nesse caso, apresentamos os conceitos de *tipologia documental* e *banco de dados* (documental) a partir de uma perspectiva arquivística, mas que pode ser adotada por outras áreas do conhecimento.

A tipologia documental surge como uma nova maneira de analisar arquivos, tendo como ponto de partida não a entidade que os produziu, mas a atividade à qual eles correspondem. O método pode não indicar plenamente as informações que se deseja identificar acerca do documento, mas pode ser uma interessante ferramenta de apoio para o trabalho documental, favorecendo novas abordagens sobre o tema. Já o banco de dados permite agrupar a informação de maneira organizada, lógica e hierarquizada, facilitando a consulta ao material.

Ambos – tipologia e banco de dados – devem ser vistos e entendidos como ferramentas que permitem uma adequada organização de documentos, auxiliando no trabalho diário de consulta e manutenção de acervos.

Indicação cultural

Livro

BELLOTTO, H. L. **Como fazer análise diplomática e análise tipológica de documento de arquivo**. São Paulo: Arquivo do Estado/Imprensa Oficial, 2002. (Projeto Como Fazer, 8).

O trabalho de Heloísa Liberalli Bellotto é uma das grandes referências na área de tipologia documental. A autora debruçou-se sobre o assunto e produziu artigos nas décadas de 1980 e 1990 sobre tipologia e análise diplomática, que devem ser consultados ao se abordar o tema. No material indicado, ela apresenta – de forma fácil e acessível – importantes definições relativas a documentos para o trabalho tipológico e discute os preceitos necessários ao desenvolvimento da análise tipológica.

Atividades de autoavaliação

1. Assinale a alternativa correta com relação à definição de *documento*:
   a) Até o começo do século XX, eram considerados documentos apenas os textos escritos/impressos.
   b) Documentos são provas incontestáveis da verdade, por isso eram válidos para pesquisa apenas os documentos oficiais.
   c) São considerados documentos todos os artefatos, vestígios e registros deixados pelos seres humanos.
   d) O trabalho feito é difícil porque todo documento é passível de ser forjado, sendo, por isso, de pouca confiabilidade.
   e) Precisa apresentar, entre outros aspectos, carga informacional relevante sobre determinado período ou sociedade.

Ricardo Selke (Org.)

2. Assinale a alternativa correta a respeito dos quatro pressupostos dos documentos arquivísticos:
   a) Os quatro pressupostos são: proveniência, indivisibilidade, unicidade e generalidade.
   b) A proveniência é um dos mais importantes, pois garante a origem dos documentos.
   c) A indivisibilidade está ligada ao princípio da integridade arquivística.
   d) A unicidade determina que os documentos precisam ser únicos; não é possível haver outro igual no mundo.
   e) A organicidade, ou princípio de respeito aos fundos, diz respeito às relações que os documentos mantêm entre si.

3. Sobre a tipologia documental, é correto afirmar:
   a) Nasceu diretamente da arquivística, como um de seus desdobramentos. Hoje, ela já ultrapassou sua ciência de origem.
   b) A tipologia documental e a arquivística não conseguem dialogar, pois apresentam práticas muito diferentes.
   c) Um de seus elementos-chave é o tipo documental, que reúne documentos comuns com relação à fórmula diplomática, à natureza de conteúdo ou à técnica do registro.
   d) Refere-se à série de normas e indicativos sobre o trato com os documentos.
   e) É aplicada apenas para documentos impressos, sem validade para materiais digitais/eletrônicos, sobre os quais ainda não há consenso de tratamento.

4. A respeito dos bancos de dados, assinale a alternativa correta:
   a) Para que sejam eficientes e eficazes, é preciso que sejam pensados em conjunto, em uma parceria entre o desenvolvedor e o arquivista.
   b) Existem diversos modelos de *softwares* no mercado, mas apenas um é o correto quando se trata de banco de dados documental.
   c) Essa ferramenta só funciona para empresas governamentais, que apresentam de antemão seus documentos ordenados e catalogados.
   d) É uma ferramenta cuja necessidade deve ser avaliada, em razão de seus altos custos de implementação e da complexidade de execução.
   e) Os bancos de dados podem ser de difícil acesso e manejo, devendo ser utilizados apenas por pessoal especializado.

5. Defina se as afirmações a seguir sobre bancos de dados são verdadeiras (V) ou falsas (F):
   ( ) Antes de escolher o modelo de banco de dados ideal, é preciso avaliar suas características e o material documental que será trabalhado.
   ( ) Bancos de dados não relacionais são bastante populares por lidarem com uma grande quantidade de conteúdo, ainda que mudanças nos arquivos possam ser aplicadas de maneira pontual.
   ( ) Um banco de dados só é útil para empresas privadas, que podem adotar os próprios parâmetros na execução do banco e na ordenação documental.
   ( ) Bancos de dados apresentam elementos agregados por afinidade e ordem preestabelecida, que são acessíveis e compartilháveis.

Agora, assinale a alternativa que apresenta a sequência correta:

a) V, F, F, F.
b) V, V, F, V.
c) F, V, V, V.
d) V, V, F, F.
e) F, V, F, V.

Atividades de aprendizagem

Questões para reflexão

1. Com base no que foi apresentado no capítulo, quais são os ganhos que as empresas, sejam elas privadas, sejam elas públicas, podem obter com a aplicação da tipologia documental?

2. O exemplo relativo ao Museu Paranaense comentado neste capítulo mostrou uma situação em que a instituição teve de adotar um modelo de banco de dados que não se mostrou adequado às suas demandas. Como tal situação poderia ter sido evitada e quais são os custos que recaem sobre as organizações quando tal erro é cometido?

Atividade aplicada: prática

1. Pesquise na internet empresas que trabalham com bancos de dados documentais e procure saber quando essa fonte foi implementada, quais foram os objetivos da empresa com essa ação e quais foram os resultados alcançados.

Capítulo 3
Leitura, manutenção e tratamento de documentação antiga

Nailôn F. Silveira

Para a construção do conhecimento histórico, são essenciais as fontes históricas, entre as quais podemos destacar os documentos escritos, em suas mais variadas formas, visto que eles têm grande relevância para essa função.

No entanto, o uso de fontes escritas passa pela leitura desses documentos antigos para a construção da história e, para isso, são usadas técnicas de leitura de manuscritos antigos desenvolvidas no âmbito da paleografia. Outra área do conhecimento que ganha destaque é a arquivologia, que apresenta técnicas de organização e classificação de documentos.

Tendo isso em vista, neste capítulo analisaremos, de maneira sucinta, os documentos históricos escritos, a capacitação de sua leitura e as técnicas de manutenção e tratamento para sua melhor utilização como fontes históricas.

(3.1)
Conceito de documento histórico escrito

A forma mais conhecida de fonte histórica são os documentos, vestígios escritos de uma civilização ou grupo que, por meio de seus relatos descritivos, contavam sua forma de organização política, econômica, social e cultural.

Para tratarmos do conceito de documento, usaremos como base os estudos e interpretações de Jacques Le Goff, importante historiador medievalista pertencente à escola dos Annales.

Documento pode ser definido como um material que garante a memória coletiva, servindo, portanto, de objeto de pesquisa para a história como ciência. É importante destacar que os documentos que foram preservados e são utilizados na atualidade não representam todo o conjunto de informações reais referentes a uma civilização, e sim uma amostragem. Essa primeira reflexão já evidencia que os documentos precisam ser observados e estudados com cuidado, nunca como uma verdade absoluta ou mesmo como um retrato fiel do passado.

"De fato, o que sobrevive não é o conjunto daquilo que existiu no passado, mas uma escolha efetuada quer pelas forças que operam no desenvolvimento temporal do mundo e da humanidade, quer pelos que se dedicam à ciência do passado e do tempo que passa, os historiadores" (Le Goff, 1990, p. 535).

Muitas vezes, o termo *documento* é interpretado como comprovação, como prova, como uma forma de afirmar que aquele fato realmente ocorreu, muitas vezes como um testemunho escrito de um acontecimento. No pensamento histórico, principalmente a partir do século XIX, *documento* era sinônimo de *texto escrito*. Assim, durante muito tempo, a história se baseou na escrita para sua construção interpretativa do passado.

Logo, na produção do conhecimento histórico, para observar o passado, é necessário dispor de documentos. "A história se faz com documentos – esta é uma das primeiras lições que aprendem aqueles que vasculham o passado. Não se pode conhecer o que aconteceu a não ser por meio de testemunhos" (Funari, 2010, p. 98).

> **Importante!**
>
> Durante séculos, os documentos escritos foram a principal fonte de conhecimento sobre a história. Essa influência é tão notável que a organização do que era ou não era história estava relacionada à escrita.

É importante destacar que, em materiais didáticos, o conceito clássico de *pré-história* ainda serve para caracterizar comunidades humanas antes do desenvolvimento da escrita, apesar de haver diversas críticas possíveis a esse conceito.

Entretanto, o que entendemos por *documento histórico* não são apenas textos escritos. Especialmente no século XX, o conceito se estendeu para diversos tipos de fontes de pesquisas. Várias correntes teóricas da área de história defenderam essa ampliação, entre elas a escola dos Annales.

O que ocorreu na segunda metade do século XX foi uma revisão documental, em que uma enorme quantidade de fontes históricas passou a ser explorada, como imagens, objetos, vestuários, entre diversas outras formas de fontes de conhecimento histórico.

Contudo, é importante salientar que o documento escrito ainda tem local de destaque na construção do conhecimento histórico. Isso porque ele pode fornecer um caráter mais legítimo à pesquisa, fortalecendo-se a percepção da escrita como algo permanente, oficial e de responsabilidade daquele que escreve – mas que precisa, necessariamente, passar pela análise crítica do historiador.

O tipo de produção do qual os documentos escritos fazem parte pode ser observado como uma forma de organização das relações políticas, econômicas e sociais de determinada civilização ou instituição. Além disso, pode ser visto como a manifestação de um indivíduo e sua interpretação da sociedade.

Nesse sentido, podemos organizar as fontes históricas documentais escritas em oficiais, institucionais, literárias e pessoais. Obviamente, outras formas de organização e descrição são possíveis. Aqui, classificamos os documentos escritos por suas características e intencionalidades diferentes. Cada tipo de documento escrito tem suas formas e pode ser usado amplamente pelo historiador.

Documentos escritos oficiais
São aqueles produzidos pelo Estado ou por componentes do governo na atribuição de sua função, conforme ilustra a Figura 3.1. São exemplos: leis, ofícios, memorandos, recomendações, constituições, relatórios de gestão política parlamentar, testamentos, inventários e registros civis em geral.

Os documentos escritos oficiais podem ser utilizados para se compreender a mentalidade política estrutural de um período ou para descrever a atuação dos órgãos estatais e de seus representantes governamentais.

Figura 3.1 – Primeira página da Constituição de 1824

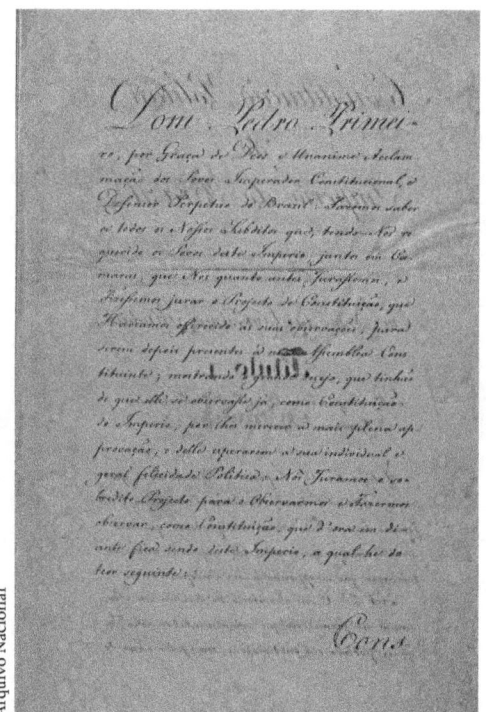

Arquivo Nacional

Esses registros tendem a demonstrar uma visão mais objetiva dos acontecimentos históricos, em textos que utilizam os termos jurídicos ou governamentais para explicar uma organização política, econômica e social. Por isso, é sempre interessante analisar esse tipo de documento com outras fontes que permitam entender o antes e o depois da construção do documento oficial.

Documentos escritos institucionais
São as fontes produzidas pelas instituições que fazem parte da sociedade civil em âmbito público ou privado. São exemplos: atas de reunião de sindicatos, relatórios da indústria, conselhos de reuniões religiosas, descrição de assembleias de movimentos sociais e jornais.

Sobre esses documentos, torna-se ainda mais imperativa a análise da objetividade e finalidade de sua produção, pois nem sempre a ata da reunião ou os relatórios são fidedignos à realidade do evento. Aqui tem destaque a **pesquisa historiográfica**, que pode tornar-se ainda mais rica quando se analisam as intenções de direcionamento da construção do documento.

Figura 3.2 – Jornal do Rio de Janeiro noticia a extinção da escravidão no Brasil

GAZETA DE NOTICIAS
BRAZIL LIVRE
1888 ─ TREZE DE MAIO ─ 1888
EXTINCÇÃO DA ESCRAVIDÃO

LEI N. 3353 DE 13 DE MAIO DE 1888

DECLARA EXTINCTA A ESCRAVIDÃO NO BRAZIL

A Princeza Imperial Regente em nome de Sua Magestade o Imperador o Sr. D. Pedro II: Faz saber a todos os subditos do Imperio, que a Assembléa Geral decretou e Ella sanccionou a lei seguinte:

Art. 1.º E' declarada extincta desde a data d'esta lei a escravidão no Brazil.

Art. 2.º Revogam-se as disposições em contrario.

Manda portanto a todas as auctoridades a quem o conhecimento e execução da referida lei pertencer, que a cumpram e façam cumprir e guardar tão inteiramente como n'ella se contém.

O secretario de Estado dos Negocios da Agricultura e interino dos Negocios Estrangeiros, bacharel Rodrigo Augusto da Silva a faça imprimir, publicar e correr.

Dada no Palacio do Rio de Janeiro, em 13 de Maio de 1888, sexagesimo setimo da Independencia e do Imperio.

PRINCEZA IMPERIAL REGENTE.
RODRIGO AUGUSTO DA SILVA.

Carta de lei pela qual Sua Alteza Imperial manda executar o decreto da Assembléa Geral, que houve por bem sanccionar, declarando extincta a escravidão no Brazil como n'ella se declara, para Vossa Alteza Imperial ver.

Chancellaria-mór do Imperio.   Transitou em 13 de Maio de 1888.
Antonio Ferreira Vianna.   **José Julio de Albuquerque Barros.**

Fonte: Gazeta de Notícias, 1888.

Nesse grupo também se enquadram os jornais e outros tipos de publicações, como revistas e panfletos. Essas fontes são extremamente úteis para se buscar o entendimento sobre a progressão de fatos de determinada época e o modo como a sociedade os acompanhou. Contudo, é sempre importante salientar que a produção desses materiais também está relacionada à intencionalidade do órgão ou da empresa que os produziu, pois, por exemplo, nem sempre os jornais fornecem unicamente a descrição dos acontecimentos do momento.

Documentos escritos literários
São as fontes produzidas com base em uma história ficcional, ou seja, sem caráter realista. Esses tipos de documentos permitem examinar um tempo ou lugar pelos olhos de seu autor, possibilitando a instauração de um campo de observação de costumes dos períodos abordados na obra.

É claro que esses documentos também precisam ser analisados tendo em vista a intencionalidade do autor e os motivos que o levaram a descrever certo evento de determinada forma. Simplificando, podemos afirmar que, ao se usar a literatura ficcional como fonte histórica, é importante a análise do autor que a criou. São alguns exemplos desse tipo de produção contos, poesias, romances e letras de músicas.

Esse tipo de documento também engloba pesquisas científicas, históricas ou não, pensamentos filosóficos e interpretações religiosas. Nesse contexto, costuma-se chamar, nos meios acadêmicos, de *estado da arte* ou *estado dos conhecimentos* o levantamento prévio das pesquisas científicas já produzidas em determinado campo ou referentes ao fato histórico a ser estudado. Normalmente, esse levantamento é o início da pesquisa, a análise bibliográfica daquilo que já foi documentado por outros especialistas sobre o mesmo assunto.

Figura 3.3 – Primeira edição de *Dom Casmurro*, de Machado de Assis

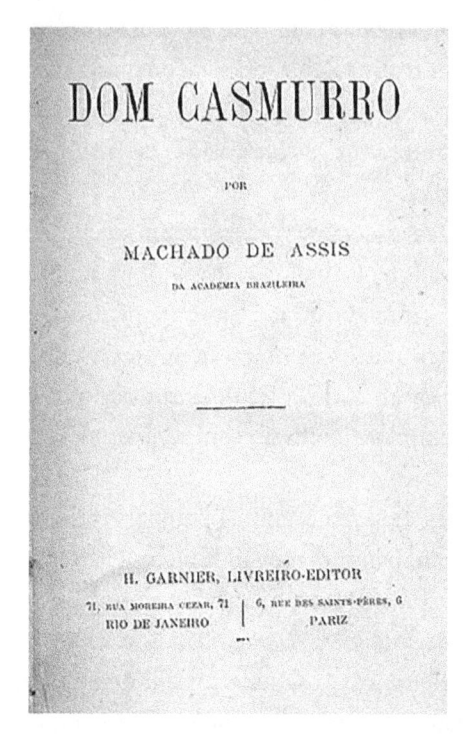

DOM CASMURRO

POR

MACHADO DE ASSIS

DA ACADEMIA BRAZILEIRA

H. GARNIER, LIVREIRO-EDITOR

71, RUA MOREIRA CEZAR, 71 | 6, RUE DES SAINTS-PÈRES, 6
RIO DE JANEIRO | PARIZ

Fonte: Machado de Assis, [s.d.].

A obra *Dom Casmurro*, por exemplo, tem grande importância histórica e pode ser utilizada para entender a época em que se passa a narrativa.

Documentos escritos pessoais
São as fontes produzidas de forma pessoal, com a intenção de relatar o cotidiano da sociedade. Podemos citar como exemplos cartas, listas de compras, pensamentos e diários.

Esses documentos fornecem uma visão mais pessoal e direta dos momentos históricos e das simpatias e antipatias dos envolvidos nos documentos, bem como a percepção de humanidade destes em períodos de conflitos.

Figura 3.4 – Diário de Hans Staden

Biblioteca Nacional dos Países Baixos

Fonte: Staden, 1595.

Figura 3.5 – Diário de Anne Frank

Ulli Winkler/Imago images/Fotoarena

Por estar relacionado com a rotina das pessoas que o produziram, muitas vezes sem a intenção de torná-lo público ou histórico, esse tipo de documento requer grande sensibilidade e envolvimento daqueles que o analisam. Um exemplo disso é o diário de Hans Staden sobre o Brasil no século XVI, que foi o primeiro relato escrito acerca de nosso território. Produzido na Europa, hoje é um importante documento do período colonial. Outro exemplo, mais conhecido popularmente, é o diário de Anne Frank. Publicado em diversos idiomas, esse documento é de grande relevância para o estudo da Segunda Guerra Mundial.

Depois de determinado o tipo de documento escrito utilizado na pesquisa, a atividade do historiador se volta à análise do próprio documento. É necessário considerar que, antes de utilizar documentos escritos como fonte, ou mesmo como apoio para parte de sua pesquisa, os historiadores precisam realizar a crítica a esses materiais.

Nesse sentido, é importante examinar a veracidade e originalidade do documento, sua intencionalidade e o contexto histórico em que foi redigido.

A primeira crítica que o documento sofre está relacionada a sua **autenticidade**, sua datação, sua produção legítima pelo indivíduo ou instituição que assina o documento. Por exemplo, segundo Le Goff (1990), na Idade Média houve a falsificação de diversos documentos, como diplomas, cartas e textos canônicos. Apenas a partir do século XII surgiu a preocupação com esse assunto, principalmente por parte da Igreja Católica.

> **Importante!**
>
> A primeira análise necessária ao se acessar um documento é verificar sua veracidade, ou seja, determinar se aquele documento é verdadeiro com relação à sua pesquisa, pois existem muitos documentos que podem ser falsificados. Além disso, é extremamente difícil conseguir analisar o original de alguns documentos, em virtude de sua importância histórica ou mesmo de sua condição física.
>
> Por isso, os historiadores devem se certificar de utilizar fontes confiáveis de análise secundária, ou seja, precisam se fundamentar em outras pesquisas históricas realizadas com o documento. Outra forma de acesso a certos documentos são as cópias feitas com a tecnologia de microfilme ou de digitalização de documentos, pois isso se aproxima de uma análise do original.

É interessante destacar que documentos falsos podem ser importantes historicamente. Ao se estudar uma falsificação, esta pode revelar muito sobre a mentalidade de uma época. É relevante também analisar estratégias políticas ou de guerra que eram falsas, que direcionavam a opinião da população para um tipo de interpretação dos fatos vividos, o que pode ser importante para o historiador.

Com relação à **intencionalidade**, todo escrito é realizado com alguma intenção, correspondendo ao pensamento real do autor ou a uma forma de manipular a situação em que ele estava envolvido. Por isso, é fundamental determinar a intenção e os motivos da escrita de um documento e, para analisar esses registros, é necessário pesquisar sobre o autor, que pode ser um indivíduo, uma instituição social ou mesmo um governo. Além disso, é imperativo o estudo do **contexto histórico** em que o escrito foi produzido, levando-se em consideração questões sociais, políticas, econômicas e culturais relacionadas ao texto e ao seu autor.

Para concluir esta seção sobre o documento escrito e sua importância como fonte, destacamos a seguir as ideias de Le Goff (1990).

> O medievalista (e, poder-se-ia acrescentar, o historiador) que procura uma história total deve repensar a própria noção de documento. A intervenção do historiador que escolhe o documento, extraindo-o do conjunto dos dados do passado, preferindo-o a outros, atribuindo-lhe um valor de testemunho que, pelo menos em parte, depende da sua própria posição na sociedade da sua época e da sua organização mental, insere-se numa situação inicial que é ainda menos "neutra" do que a sua intervenção. O documento não é inócuo. É, antes de mais nada, o resultado de uma montagem, consciente ou inconsciente, das sociedades que o produziram, mas também das épocas sucessivas durante as quais continuou a viver, talvez esquecido, durante as quais continuou a ser manipulado, ainda que pelo silêncio. O documento é uma coisa que fica, que dura, e o testemunho, o ensinamento (para evocar a etimologia) que ele traz devem ser em primeiro lugar analisados, desmistificando-lhe o seu significado aparente.

Fonte: Le Goff, 1990, p. 547-548.

É importante ressaltar que um documento escrito deve ser analisado com bastante cuidado pelo historiador, tendo em vista que só pode ser considerado como fonte histórica mediante seu uso por esse profissional. Isso evidencia a sensibilidade do processo de construção do conhecimento histórico.

(3.2)
LEITURA DE DOCUMENTOS ANTIGOS

Antes de analisar um documento, é preciso realizar sua leitura.

> *O texto poderia estar em aramaico ou cuneiforme. Não dava para ler nenhuma palavra além do título. Desespero quase absoluto: paleografia, o estudo das formas antigas da escrita, era – e é – um buraco quase negro no Brasil. Tinham me feito ler tantas e tão sábias advertências sobre historiografia, além de noções sobre documentos, filosofia do conhecimento e interpretação, e nunca me haviam dito que, antes de analisar, eu precisava entender o que estava escrito. Tinham me ensinado os meandros do estilo, mas eu era analfabeto...* (Karnal, 2011, p. 98)

A afirmação de Karnal (2011) pode parecer óbvia, mas qualquer pesquisador, historiador ou não, que já teve em mãos um manuscrito antigo sabe que realizar sua leitura, muitas vezes, não é uma tarefa simples.

O método de leitura de textos antigos é chamado de *paleografia*, e envolve as técnicas históricas de escrita e as modificações que elas sofreram no decorrer da história. Em outras palavras, a paleografia tem por definição a análise das características presentes em documentos e livros manuscritos, de modo a possibilitar sua leitura e transcrição, além da determinação de local e período histórico.

Dada a importância do tema, neste livro há um capítulo apenas para a paleografia. Aqui faremos somente uma introdução ao tema.

A paleografia se divide em dois momentos: o primeiro é relacionado à leitura de documentos, e o segundo contempla a crítica e percepção sobre o material e a tinta utilizada, o período em que foi produzido, as técnicas de escrita e os autores.

A paleografia possibilita uma organização ampla da escrita e apresenta algumas possibilidades de organização de suas técnicas, como a diplomática, a bibliográfica, a numismática e a epigráfica.

A **diplomática** é a interpretação de símbolos e escritas que permitem entender textos da Antiguidade Clássica, muitas vezes salientando as características dos períodos grego e romano.

A **bibliográfica** é a organização de textos e símbolos em forma de livros manuscritos, antes do período tipográfico e da imprensa.

Ainda faz parte dessas técnicas a **numismática**, isto é, o estudo sobre as inscrições em moedas, medalhas e outros metais que possibilitem a interpretação sobre um período e local.

Também há a técnica **epigráfica**, que estuda as inscrições em lápides, pontes, arcos, estátuas, pedras e outros tipos de monumentos.

Sobre os períodos históricos, a paleografia utiliza termos reconhecidos da história, como *antiga, medieval, moderna* e, inclusive, *contemporânea*, se necessário. Além disso, cabe observar que a história e a paleografia são ciências complementares, pois a construção dos conhecimentos históricos depende de uma leitura correta dos documentos, algo possibilitado pela paleografia. Assim, torna-se viável a interpretação das instituições, dos costumes, das crenças, entre outras características, de civilizações passadas.

A seguir, apresentamos alguns tipos de escritas de letras usadas no idioma português que podem ser encontrados em documentos antigos.

Figura 3.6 – Exemplos de escrita

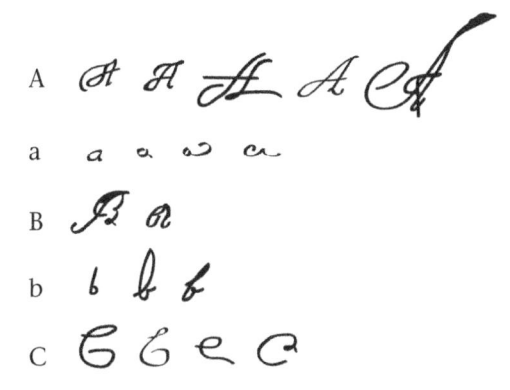

Um dos textos mais importantes da história brasileira é a Carta de Pero Vaz de Caminha em que este informa o Rei de Portugal sobre as terras que passariam a ser conhecidas como *Brasil*. Sua leitura paleográfica, na atualidade, pode ser dificultada pelas condições do papel, da tinta e da própria escrita, porém o valor do registro é inestimado, dada a sua importância histórica e documental ímpar. O original se encontra no Arquivo Nacional da Torre do Tombo, em Lisboa, Portugal.

Figura 3.7 – Primeira Página da Carta de Pero Vaz de Caminha ao Rei de Portugal

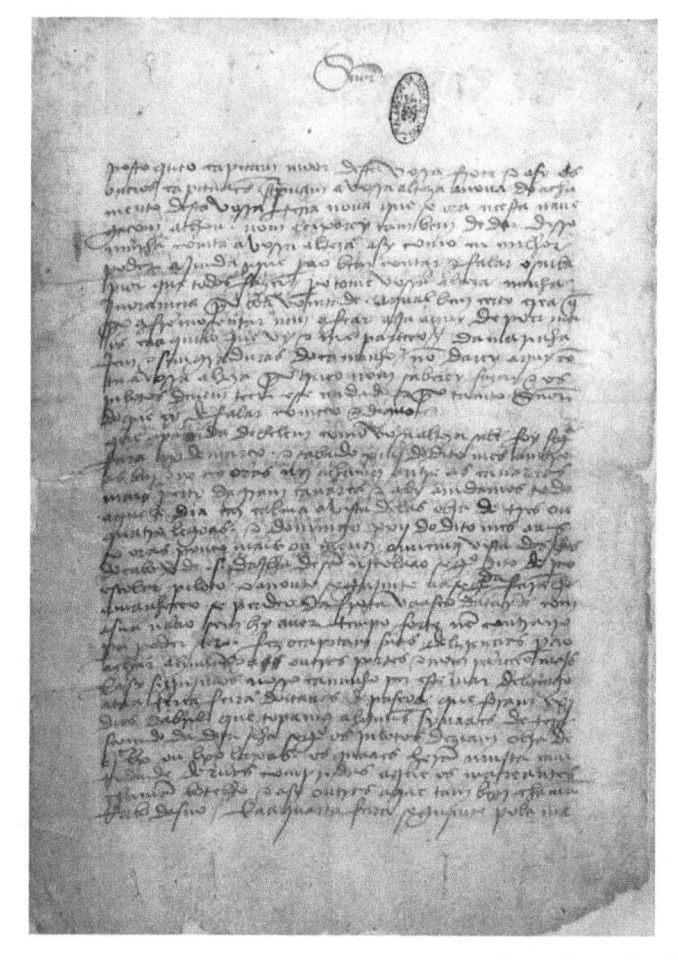

Fonte: Caminha, 1500.

Confira a seguir a leitura paleográfica e, na sequência, a transcrição atualizada do trecho em questão.

Trecho da Carta de Pero Vaz de Caminha ao Rei Dom Manuel

Leitura paleográfica

posto queo capitam moor desta vossa frota e asy os
outros capitaães screpuam avossa alteza anoua do acha
mento desta vossa terra noua que se ora neesta naue
gaçam achou. nom leixarey tam bem de dar disso
minha comta avossa alteza asy como eu milhor
poder ajmda que perao bem contar e falar o saiba
pior que todos fazer. / pero tome vossa alteza minha
jnoramçia por boa vomtade. aqual bem çerto crea q[ue]
por afremosentar nem afear aja aquy de poer ma
is caaquilo que vy e me pareçeo. / da marinha
jem e simgraduras do caminho nõ darey aquy cõ
ta a vossa alteza por queo nom saberey fazer e os
pilotos deuem teer ese cuidado e por tanto Snõr
do que ey de falar começo e diguo. /
que apartida de belem como vossa alteza sabe foy seg^a
feira ix demarço. e sabado xiij do dito mes amtre
as biij e ix oras nos achamos amtre as canareas
mais perto da gram canarea e aly amdamos todo
aquele dia em calma avista delas obra de tres ou
quatro legoas. e domingo xxij do dito mes aas
x oras pouco mais ou menos ouuemos vista dasjlhas
do cabo verde. s. dajlha de sã njcolaao seg.º dito de p^o
escolar piloto. e anoute segujmte aasegda feira lhe
amanheceo se perdeo da frota vaasco datayde com
a sua naao sem hy auer tempo forte ne[m] contrairo
pera poder seer. fez ocapitam suas deligencias perao
achar ahu[m]as e a outras partes e nom pareçeo majs
Easy segujmos nosso caminho per este mar delomgo
ataa terça feira doitauas de pascoa que foram xxj

Ricardo Selke (Org.)

dias dabril que topamos alguu[n]s synaaes de tera
seemdo da dita jlha seg° os pilotos deziam obra de
bje lx lxx legoas. os quaaes herã mujta cam
tidade deruas compridas aque os mareantes
chamã botelho e asy outras aque tam bem chamã
rrabo dasno. / E aaquarta feira segujmte pola ma

Fonte: Bibliotheca Universalis, 2020a.

Trecho da Carta de Pero Vaz de Caminha ao Rei Dom Manuel

Transcrição atualizada

SENHOR, posto que o capitão-mor desta vossa frota e assim os outros capitães escrevam a Vossa Alteza a nova do achamento desta vossa terra nova, que se ora nesta navegação achou, não deixarei também de dar disso minha conta a Vossa Alteza, assim como eu melhor puder, ainda que para o bem contar e falar o saiba pior que todos fazer. Mas tome Vossa Alteza minha ignorância por boa vontade, a qual, bem certo, creia que por afremosentar nem afear haja aqui de pôr mais do que aquilo que vi e me pareceu. Da marinhagem e singraduras do caminho não darei aqui conta a Vossa Alteza, porque o não saberei fazer e os pilotos devem ter esse cuidado. E, portanto, Senhor, do que hei-de falar começo e digo que a partida de Belém, como Vossa Alteza sabe, foi segunda-feira, 9 de março. E sábado, 14 do dito mês, entre as 8 e 9 horas, nos achámos entre as Canárias, mais perto da Grã Canária. E ali andámos todo aquele dia, em calma, à vista delas, obra de três ou quatro léguas.

E domingo, 22 do dito mês, às 10 horas, pouco mais ou menos, houvemos vista das ilhas do Cabo Verde, isto é, da ilha de S. Nicolau, segundo dito de Pêro Escolar, piloto. E a noute seguinte, à segunda-feira, quando lhe amanheceu, se perdeu da frota Vasco d'Ataíde, com a sua nau, sem aí haver tempo forte nem contrairo para poder ser. Fez o capitão suas diligências para o achar, a umas e a outras partes, e não apareceu mais.

> [Terça-feira, 21 de abril de 1500. Sinais de terra] E assim seguimos nosso caminho por este mar, de longo, até terça-feira d'oitavas de Páscoa, que foram 21 dias d'Abril, que topámos alguns sinais de terra, sendo da dita ilha, segundo os pilotos diziam, obra de 660 ou 670 léguas, os quais eram muita quantidade d'ervas compridas, a que os mareantes chamam botelho e assim outras, a que também chamam rabo d'asno.

Fonte: Bibliotheca Universalis, 2020b.

Outra ciência que depende da paleografia é a arquivologia, pois a leitura de documentos é imprescindível para sua detalhada classificação e organização. A arquivologia é também uma área que auxilia a história.

(3.3)
MANUTENÇÃO E TRATAMENTO DE DOCUMENTAÇÃO ANTIGA

Para poder ler e analisar determinado documento, antes é preciso encontrá-lo. Novamente, trata-se de uma informação que pode parecer óbvia, porém tem uma relação direta com a ciência da arquivologia, a técnica de manutenção, tratamento e armazenamento de documentos que possibilitam a pesquisa dos historiadores.

Nesta seção, abordaremos a organização de documentos escritos. A primeira análise refere-se à ideia de conservação ou não de documentos – que tipos de documentos são conservados e quais são descartados.

> *Ignorar a procedência dos documentos, a forma e as casualidades na constituição dos acervos, a trajetória das instituições que os produzem e que os guardam são graves descuidos cometidos por pesquisadores. [...] É essencial, pois, que os historiadores participem das discussões e dos trabalhos*

relativos à disposição e ao armazenamento dos conjuntos documentais recolhidos aos arquivos permanentes. (Boschi, 2012, p. 98)

Existem diversos documentos que acabam se perdendo no decorrer do tempo, e isso ocorre por muitas causas, algumas propositais, outras acidentais.

É claro que pode haver acidentes, como incêndios ou enchentes, que vão danificar ou extraviar documentos. Quando isso realmente não é proposital ou evitável, não há muito a ser feito. Alguns documentos se perdem em decorrência de erros de conservação relacionados ao tipo de papel, ao tipo de tinta ou mesmo à ação de fatores externos, como umidade ou animais. Contudo, talvez o que mais chame atenção, em termos históricos, sejam os documentos que são comprovadamente destruídos por questões políticas ou sociais.

Nós nos acostumamos com as notícias de morte de civis no Oriente Médio, mas não estamos tão habituados a refletir sobre as consequências da destruição cultural que um conflito armado pode causar. É claro que o assassinato indiscriminado de cidadãos deve ser a prioridade de nossas preocupações, mas não podemos esquecer que a história também agoniza em situações de guerra. (Meihy, 2013, p. 98)

A arquivologia tem técnicas e orientações específicas para o descarte de documentos, com relação ao tempo de guarda, ao tipo de documento que deve ser arquivado e à forma mais segura de descarte. No entanto, o que importa são os documentos que podem ser utilizados. A arquivologia permite uma procura bem mais organizada dos documentos em virtude de suas características de centralização e catalogação.

A **centralização** diz respeito à possibilidade de encontrar diversos textos em um mesmo ambiente, como em arquivos e bibliotecas.

As bibliotecas são mais voltadas a livros, jornais e publicações, ao passo que os arquivos são reservados a documentos públicos e particulares em geral. Também podem ser encontrados textos em casas de memória e museus.

A **catalogação** é o que permite o acesso rápido e correto a livros e documentos. Existem diversas formas de catalogação: por ordem alfabética, por assunto, por ano ou período. Atualmente, existe uma classificação decimal internacional, que possibilita essa organização.

Essa classificação, realizada originalmente pelo bibliotecário Melvil Dewey, organiza os conhecimentos em dez classes principais, que recebem um número de 000 a 900. Esse sistema passou por uma revisão para a formação da Classificação Decimal Universal, pelos bibliógrafos Paul Otlet e Henri La Fontene. A classe de História e Geografia recebe o número 900. Cada classe conta com dez divisões, cada uma com dez seções. A seção de Teoria e Filosofia da História, por exemplo, é identificada como 930.1.

A crítica principal direcionada aos museus, arquivos e outros locais de guarda de documentos é a distância desses órgãos em relação à população em geral, que, normalmente, os acha entediantes, sendo vistos como locais voltados apenas para o uso acadêmico.

> *Ao que tudo indica, a atitude oficial do Estado brasileiro ainda é muito dúbia em relação ao seu passado, em sua concepção de história e no que diz respeito à forma como lida com seus lugares de pesquisa. O que se vê por aqui – de maneira geral, pois deve haver exceções – é a construção de prédios modernosos ou a manutenção de prédios aristocráticos, no caso de serem antigos, em que o objetivo acaba sendo o de manter a academia afastada da sociedade, reforça-se o poder do Estado sobre os institutos e os acervos, além de se reproduzir uma história mítica, pacífica, e por isso também trágica, que ainda nega sua memória radical. (Dahás, 2014, p. 98)*

Também é importante salientar que os avanços tecnológicos propiciaram novas formas de relação com a informação. Há variadas possibilidades de pesquisa, pois os arquivos de documentos estão em bancos de dados na internet, acessíveis a quase todos.

A digitalização de documentos permite ter a acesso a diversos documentos, mesmo que não haja a oportunidade física e direta de análise. Também incita novos debates sobre a crítica aos documentos, no que se refere à veracidade do documento, à possibilidade de falsificação parcial ou total deste etc.

Além disso, os avanços tecnológicos na área de digitalização de documentos possibilitam que se amplie a produção de interpretação de escritos. Na dificuldade de executar a paleografia, é mais fácil buscar um texto já pronto, devendo-se observar, todavia, que é preciso ter cuidado com as interpretações, isto é, o pesquisador deve se certificar de que o documento está correto e a interpretação paleográfica é fiel ao original.

Síntese

Neste capítulo, esclarecemos que, durante muitos anos, os documentos escritos foram o principal tipo de fonte histórica e que a escrita diferenciava a história da pré-história. A grafia era a origem principal de qualquer pesquisa e poderia ser apenas complementada com outras fontes. Atualmente, com as novas discussões teóricas na área de história, outros tipos de fontes ganharam destaque, como as orais, as pictográficas e as materiais. Ainda assim, conforme destacamos, a documentação escrita continua a ter destaque nas pesquisas históricas, principalmente quando se trata de períodos históricos mais distantes. É imprescindível notar os tipos de fontes escritas possíveis, as análises críticas sobre esses documentos e as probabilidades historiográficas dessas fontes. As técnicas de leituras de documentos antigos, bem como os recursos de manutenção e tratamento necessários para a organização e preservação desses documentos, no âmbito do conjunto de métodos da arquivologia, são uma prática auxiliar de grande valia para as pesquisas históricas. Isso porque a história surge da análise de fontes históricas, entre as quais os documentos escritos têm destaque. A paleografia é uma técnica primordial para a leitura desses manuscritos, e a arquivologia dá acesso aos documentos, sem os quais não haveria história.

Indicações culturais

Filmes

O ÚLTIMO portal. Direção: Roman Polanski. Espanha: Warner Bros., 1999. 132 min.

> Um especialista em livros raros é contratado para determinar a veracidade de uma obra do século XVII. Para tanto, precisa procurar em diversos países, da América e da Europa, as outras duas versões da obra. Sem saber, acaba se envolvendo em uma trama de violência e morte.

O NOME da rosa. Direção: Jean-Jacques Annaud. Alemanha: Paris Filmes, 1986. 130 min.

> No século XIV, um monge franciscano e seu auxiliar investigam assassinatos ocorridos em um mosteiro na Itália. Os assassinatos estão relacionados aos monges copistas e ao livro das Revelações da Bíblia. Associando fato, razão e religiosidade,

a trama envolvente se passa em um cenário real com uma atmosfera medieval. Trata-se de uma adaptação da obra homônima de Umberto Eco.

Livros

BLOCH, M. **Apologia da história, ou o ofício do historiador.** Rio de Janeiro: J. Zahar, 2002.

> Para que serve a história? Partindo dessa questão, o autor demonstra a importância da ciência histórica e, mais ainda, o papel ou ofício do historiador, com foco no esclarecimento e difusão de seu conhecimento. O livro se divide em cinco capítulos: (1) "A história, os homens e o tempo", que debate os fatos e suas origens; (2) "A observação histórica", que analisa as ideias de transmissão e de testemunha; (3) "A crítica", que se detém nos cuidados com as verdades históricas; (4) "A análise histórica", que examina a função do historiador como um juiz ou cientista dos fatos passados; e, por fim, (5) um capítulo sem título (inacabado em virtude da morte do autor), no qual consta uma crítica ao pensamento positivista.

FOUCAULT, M. **A arqueologia do saber.** São Paulo: Forense Universitária, 2012.

> Trata-se de uma obra que busca analisar e restabelecer a estrutura dos estudos científicos com base em sua epistemologia, ou seja, nas origens da busca pelo conhecimento, no contexto de um resgate das práticas de produção da ciência.

Atividades de autoavaliação

1. Segundo o historiador Le Goff (1990), a função do historiador, com relação aos documentos escritos, é:
   a) apresentar total isenção de influência ou de participação em sua descrição, apenas caracterizando como história aquilo que está descrito.
   b) demonstrar a completa superação do documento escrito como fonte histórica.
   c) ter discernimento de que o passado não pode ser interpretado e somente seus documentos escritos podem ser analisados.
   d) ter o entendimento de que o documento escrito permanece como única fonte histórica realmente reconhecida como comprovação de um fato.
   e) compreender que o documento é aquilo que permanece do período histórico e os ensinamentos possíveis devem ser, em primeiro lugar, analisados.

2. A paleografia possibilita uma organização ampla da escrita e apresenta algumas possibilidades de organização das técnicas de escrita. Nesse sentido, podemos destacar as técnicas:
   a) diplomática, bibliográfica, numismática e epigráfica.
   b) diplomática, bibliográfica, descritiva e epigráfica.
   c) popular, clássica e erudita.
   d) oficial, cotidiana, falada e descritiva.
   e) oficial, institucional, literária e pessoal.

3. A arquivologia é de grande valia para a pesquisa histórica, principalmente pelas suas características de catalogação e centralização. Sobre essas características é correto afirmar:

a) A catalogação permite a preservação de documentos, e a centralização garante a preservação de imóveis e prédios.
b) A catalogação permite o acesso rápido e correto aos livros e documentos, e a centralização possibilita o encontro de diversos textos em um mesmo ambiente.
c) A centralização é o descarte de documentos antigos, e a catalogação é sua posterior organização.
d) A centralização é a catalogação por títulos, autor ou tema dos documentos.
e) A catalogação consiste unicamente na organização de pontos de pesquisas centralizados por região.

4. Os arquivos, museus e outros locais de preservação de documentos são vistos como distantes da população. Essa afirmação:
   a) está incorreta, pois normalmente museus e arquivos são espaços de ampla visitação popular.
   b) está correta, já que museus e arquivos são fechados para a população.
   c) está correta, pois normalmente esses espaços são entendidos como locais voltados apenas para o uso acadêmico, até mesmo por serem vistos como entediantes para a população em geral.
   d) está incorreta, visto que o Poder Público está amplamente interessado no contato da população com a sua história.
   e) está incorreta, pois as escolas sempre visitam museus e arquivos, o que resulta em um grande número de visitantes nesses locais.

5. Para a abordagem sobre fontes históricas, levamos em consideração o conceito de *documentos históricos escritos*. Assinale a alternativa correta com relação a esse conceito:

   a) Trata-se de vestígios escritos de uma civilização ou grupo que, por meio de seus relatos descritivos, contavam sua forma de organização política, econômica, social e cultural.

   b) Documentos escritos são unicamente os produzidos de forma oficial, isto é, pelo Estado.

   c) Documento é qualquer vestígio histórico, por isso qualquer coisa pode ser interpretada como documento histórico escrito.

   d) Vestígios escritos não podem ser considerados documentos históricos, pois não é possível verificar sua veracidade.

   e) Documentos históricos escritos são as únicas fontes históricas que têm validade, por isso a divisão entre pré-história e história permanece sem questionamentos.

Atividades de aprendizagem

Questões para reflexão

1. Determine a importância dos documentos escritos para a construção do pensamento histórico atual.

2. Existem diversas formas de classificar as fontes escritas documentais. Cite e explique essa organização levando em consideração os elementos elencados no texto.

3. Podemos afirmar que a paleografia e a arquivologia são técnicas científicas auxiliares da história. Descreva essas duas técnicas.

4. Leia o trecho a seguir.

> Em seu trabalho, o pesquisador deve agir sempre dentro dos limites da autorização dada pela instituição de guarda ou pela família do titular do arquivo. Em tempos de Internet, mesmo que se trate de um estudo acadêmico, sem fins comerciais, todos os cuidados devem ser tomados com a reprodução de informaçõe, de 13 de maio de 1888s, como textos, obras musicais e fotos. No entanto, ao direito individual de, de 13 de maio de 1888privacidade contrapõe-se o interesse público, o direito coletivo à informação. (Gandelman, 2010, p. 98)

O texto aborda uma questão ética relacionada ao uso de fontes escritas documentais. Que questão seria essa e como esse aspecto possibilita o entendimento das responsabilidades da pesquisa?

Atividade aplicada: prática

1. Veja a seguir uma das mais importantes leis brasileiras. Identifique de que trata essa lei. Depois, procure realizar a transcrição paleográfica de seus dois artigos.

Figura A – Lei Imperial n. 3.353, de 13 de maio de 1888

Capítulo 4
Noções básicas de paleografia

Dalvana Lisczkovski

A escrita tem grande importância para o historiador, principalmente quando se trata da escrita antiga. É por meio de sua leitura minuciosa e cuidadosa que se torna possível estudar, analisar e transcrever um fato histórico da Antiguidade, por exemplo. O reconhecimento e a transcrição dos registros gráficos competem à paleografia, que, etimologicamente, é definida como a ciência que estuda a escrita antiga – do grego *palaios* (antigo) e *graphien* (escrita).

Neste capítulo, apresentaremos algumas noções básicas para a realização de leituras em documentos com escrita antiga. Para isso, explicaremos a evolução nos formatos de escrita e os suportes nos quais podem ser encontrados, além de regras fundamentais para uma boa transcrição documental.

(4.1)
Contextualização histórica

De acordo com Maria Cecília Jurado de Andrade (2010), a paleografia abrange a história da escrita com a finalidade de analisar as grafias antigas e sua evolução. A escrita antiga costuma ser encontrada em suportes maleáveis, como pergaminhos, papéis e tecidos.

Importante!

A área responsável pela transcrição e leitura de escrita antiga em superfícies duras, como as pedras encontras no período visigodo, na Península Ibérica, é a **epigrafia**. Ainda assim, as bases para a escrita de documento em material maleável podem ser encontradas em metal, madeira e pedra.

> Saber diferenciar paleografia de epigrafia auxilia na escolha dos materiais adequados para a análise documental. Na próxima seção, apresentaremos alguns exemplos de suportes não paleográficos, como a pedra (Figura 4.3) e a placa de bronze (Figura 4.4).

Outras formas de registros decodificados em grifos começaram a ser utilizadas para o estudo da escrita, como no caso da sigilografia (selos), da papirologia (papiro), da codicologia (códices) e da ciência diplomática (diplomas de ordem real, como cartas oficiais de nomeação).

A decodificação da escrita nem sempre foi assertiva, pois se acreditava em diferentes versões para as traduções dos significados das letras. Muitos equívocos ocorreram até haver um consenso sobre a prática da escrita e as devidas regras para sua transcrição e leitura.

Por volta do século XVII, a paleografia ganhou um referencial de estudos por meio de Jean Mabillon, um monge beneditino que se encarregou de estudar textos que foram encontrados em bibliotecas de mosteiros italianos. Por um erro de leitura e datação, atribuíram-se esses escritos à era romana, motivo pelo qual foram nomeados como *antiquas*. Na verdade, os escritos eram do século X. A publicação do monge, em 1681, ganhou seis volumes, intitulados *De Re diplomatica libri sex*.

O desenvolvimento e a compreensão da escrita antiga devem muito à classificação do monge beneditino de Saint-Germain-des-Prés, Bernard de Montfaucon, cujo trabalho, por meio de listagem de grupos de manuscritos de acordo com a datação, deu formato a esses processos.

Em 1713, o monge veronês Scipione Maffei encontrou documentos apontados como pertencentes a uma única escrita, a romana, mas que apresentavam uma variação entre maiúscula, minúscula e cursiva, caligrafia derivada do latim. Ele propôs essa ideia no livro *História diplomática que serve de introdução à arte crítica em tal matéria*. Essa obra deu início aos estudos reconhecidos como **paleografia moderna**. Na universidade, a paleografia ganhou seu espaço e reconhecimento ao ser utilizada para a nomenclatura das ciências naturais. Pesquisadores como Göttingen, Gatterrer e Schonemann deram visibilidade à importância da separação entre a diplomática (referente aos estudos de Maffei) e a paleografia e, no âmbito das cátedras de Direito e História, incumbiram-se dos estudos da área da escrita antiga.

No século XIX, a paleografia ganhou mais atenção em virtude das instituições de estudos históricos, do aparecimento da fotografia e, ainda, da produção de pesquisa. William Wattembach, com o *Manual de paleografia* (1862) e *A escrita da Idade Média* (1869), contribuiu para a modernização dessa área.

> *Começaram a surgir centros de pesquisa como o Instituto de Altos Estudos de Florença, com sua Escola de Paleografia e Diplomacia, Sociedade Paleográfica de Londres, a Escola Superior de Diplomacia de Madri e a Escola de Paleografia da Universidade de Roma e se incrementou o ensino da Paleografia na Escola de Documentos (L'Ecole des Chartes), fundada em Paris, em 1821.* (Andrade, 2010, p. 16)

Já na metade do século XX, o Comitê Internacional de Paleografia lançou periódicos e um de seus autores, Jean Mallon, considerou a paleografia como uma ciência que não depende das demais, constituindo-se em uma **ciência da linguagem escrita**. O entendimento paleográfico cabe também ao sentido cultural que se dá ao formato da escrita no contexto do período.

A escrita é moldada pelo estilo e escola caligráfica em uso por determinada administração real, civil ou eclesiástica que pôs o documento em marcha. O escrito se acomoda às formas de procedimento decorrentes de determinações, atribuições de funções ou ações institucionais e administrativas que também se organizam, é evidente, em torno de um protocolo. E a estrutura de um documento evidencia as diretrizes e a legitimidade dessas formas de administração. (Andrade, 2010, p. 21)

Não cabe ao historiador julgar a história, mas investigá-la e apurar os acontecimentos por meio dos documentos utilizados como fontes históricas. Já a função do paleógrafo é traduzir fielmente os traços que lhe são apresentados nos chamados *documentos da diplomática*, que são: relatos sociais, relatos jurídicos, relatos de ordem governamental, entre outros documentos que podem ser considerados oficiais. Esses registros podem estar em pergaminhos, papiros, cera, ou seja, em materiais flexíveis, porque os materiais tidos como "duros" são competentes a outras ciências.

(4.2)
Materiais utilizados para registros escritos

O papel é o material de base para a leitura paleográfica. Foi criado na China, por meio da mistura de rede de pesca, trapos, trituração do cânhamo e seda. Isso foi tão revolucionário que outras regiões do planeta adotaram essa tecnologia, como a Península Ibérica, que conheceu o material por meio das invasões árabes que lá aconteceram.

O **pergaminho** é procedente de pele de animais como ovelha, vaca, carneiro e cabra. Esse material é visto com mais frequência em manuscritos medievais chamados de *códices* ou *códex*.

Figura 4.1 – Pergaminho da Torá, século XII (Universidade de Bolonha)

O **papiro** vem de uma planta originária da África. Para sua utilização, eram cortadas camadas bem finas, as quais eram sobrepostas para secar ao sol. Sabe-se que do Egito Antigo à Grécia Antiga, o papiro fez parte do cotidiano de quem escrevia. Para evitar estragos ao caligrafar, uma cera era passada sobre as folhas – tal processo colaborou para a fixação da tinta e a durabilidade dos calígrafos.

Figura 4.2 – Papiro egípcio (Cairo, Egito)

Além dos tipos de papel e do cuidado que se deve ter ao manusear esses documentos tão delicados, há uma estrutura de materiais que merece atenção com relação ao manuseio na passagem dos signos e na própria transcrição.

Os *escriptórios* eram os suportes para a escrita. Em cada período ou de acordo com sua finalidade, variavam entre pedra, metal e madeira.

Na época de domínio dos visigodos, o uso de pedras foi marcante na Península Ibérica, conforme mencionamos anteriormente. Eram registrados, principalmente, feitos voltados às questões religiosas, como funerais, datas comemorativas e honoríficas.

Figura 4.3 – Escrita em baixo relevo em uma pedra que data do Império Romano (Málaga, Espanha)

O metal também foi um tipo de material utilizado com essa finalidade. No período romano, os escritos eram fixados em bronze e chumbo. As inscrições poderiam conter, no caso do chumbo, maldições e textos considerados mágicos, ao passo que os textos legais eram registrados em bronze.

Figura 4.4 – Placa de bronze

A Figura 4.4 apresenta o Bronze de Alcântara, inscrição latina que declara a rendição incondicional (*deditio*) aos romanos por parte do povo que habitava um castro entre o território dos lusitanos e o dos vetões (104 a.C., Cáceres).

Na Idade Média, o uso da madeira para as mais variadas finalidades era muito comum. Porém, há uma característica curiosa: o uso da cera, uma facilitadora para o deslize do *stylus*, um estilete com ponta plana que permitia apagar eventuais erros sem estragar a superfície.

Os instrumentos para o desenho da escrita variam de acordo com o período. São várias as formas de utilização dos apetrechos para essa arte. No Quadro 4.1, são citadas as mais recorrentes no manuseio da escrita.

Quadro 4.1 – Instrumentos mais utilizados na escrita

Instrumento	Descrição
Cinzel	Sua principal função era registrar o texto em superfícies de pedras e metais com sua ponta de aço.
Facas	Eram dos mais variados tipos e serviam para cortar penas e raspar superfícies com erros.
Estilete	Era uma lâmina que escrevia em madeira com sua extremidade afiada.
Pluma de ave	Era muito utilizada para escritos em pergaminhos e papiros por reter a tinta.

Ao se deparar com um documento manuscrito e sua possível transcrição, é preciso ter um olhar apurado com relação ao desenho das letras e identificar o período correspondente ao texto. Somente muito exercício e prática levarão a uma tradução mais fidedigna do documento. Joaquim Roberto Fagundes (2011, p. 39) apresenta algumas dicas para o aperfeiçoamento dessa técnica:

- *O pulo do gato: é o olho acostumado através da prática que apura e traz a rapidez e o entendimento do documento da escrita e do sentido da ideia que se quis dizer;*
- *Comparar letras e palavras no mesmo texto ou em outras partes do documento, percebendo que seja da mesma pessoa;*
- *Em documentos públicos é possível reconstituir texto inteiro quando ele é padrão. Repete-se as fórmulas [sic];*
- *Manter sempre atualizado, aumentando a bagagem cultural.*

O Arquivo Nacional disponibiliza regras cruciais para uma transcrição de textos manuscritos. Para localizá-las, basta acessar o *site* da instituição e realizar buscas com a palavra-chave *paleografia*.

Confira a seguir as normas que passaram a vigorar a partir de 1993.

---

1. GRAFIA

Quanto à grafia seguir-se-ão os seguintes critérios:

1.1 Serão separadas as palavras grafadas unidas indevidamente e serão unidas as sílabas ou letras grafadas separadamente, mas de forma indevida. Excetuam-se as uniões dos pronomes proclíticos (madê, selhedê), mesoclíticos e enclíticos às formas verbais de que dependem (meteremselhe, procurase).

1.2 As letras serão grafadas na forma usual, independente de seu valor fonético.

1.3 O s caudado, escrito como ss e o simples como s.

1.4 O R e S maiúsculos, com som de rr e ss, serão transcritos R e S maiúsculos, respectivamente.

1.5 As letras ramistas b, v, u, i e j serão mantidas como no manuscrito.

1.6 Os números romanos serão reproduzidos de acordo com a forma da época.

1.7 Aos enganos, omissões, repetições e truncamentos, que comprometam a compreensão do texto, recomenda-se o uso da palavra latina [sic] entre colchetes e grifada.

(continua)

(continuação)

1.8 As abreviaturas não correntes deverão ser desenvolvidas com os acréscimos em grifo.
1.9 As abreviaturas ainda usuais na atualidade, ou de fácil reconhecimento, poderão ser mantidas.
1.10 Os sinais especiais de origem latina e os símbolos e palavras monogramáticas serão desdobrados, por exemplo, &r^a = etc.; IHR = Christus.
1.11 Os sinais de restos de taquigrafia e notas tironianas serão vertidos para a forma que representam, grifados.
1.12 O sinal de nasalização ou til, quando com valor de m ou n, será mantido.
1.13 Quando a leitura paleográfica de uma palavra for duvidosa, colocar-se-á uma interrogação entre colchetes depois da mesma: [?]
1.14 A acentuação será conforme o original.
1.15 A pontuação original será mantida.
1.16 As maiúsculas e minúsculas serão mantidas.
1.17 A ortografia será mantida na íntegra, não se efetuando nenhuma correção gramatical.

2. CONVENÇÕES

Para indicar acidentes no manuscrito original, como escrita ilegível ou danificada, serão utilizadas as seguintes convenções:

2.1 As palavras que se apresentam parcial ou totalmente ilegíveis, mas cujo sentido textual permita a sua reconstituição, serão impressas entre colchetes.
2.2 As palavras ilegíveis para o transcritor serão indicadas com a palavra ilegível entre colchetes e grifada: [ilegível].
2.3 As linhas ou palavras danificadas por corrosão de tinta, umidade, rasgaduras ou corroídas por insetos ou animais serão indicadas, por exemplo, pela expressão corroído entre colchetes e grifada e com a menção aproximada de seu número: [corroídas ± 6 linhas].
2.4 Os elementos textuais interlineares ou marginais autógrafos que completam o escrito serão inseridos no texto entre os sinais <...>.
2.5 Quando não forem autógrafos, serão indicados em nota de rodapé.
2.6 As notas marginais, não inseríveis no texto, serão mantidas em seu lugar ou em sequência ao texto principal com a indicação: à margem direita ou à margem esquerda.
2.7 As notas de mão alheia serão transcritas em rodapé.

(continuação)

3. ASSINATURAS E SINAIS PÚBLICOS

3.1 As assinaturas em raso ou rubricas serão transcritas em grifo.

3.2 Os sinais públicos serão indicados entre colchetes e em grifo: [sinal público].

4. DOCUMENTOS MISTOS

4.1 Os caracteres impressos que aparecem em documentos mistos recentes serão transcritos em tipos diferentes. Incluem-se aqui os formulários, timbres, fichas-padrão, carimbos, siglas etc.

5. SELOS, ESTAMPILHAS ETC.

5.1 Os selos, sinetes, lacres, chancelas, estampilhas, papéis selados e desenhos serão indicados de acordo com a sua natureza entre colchetes e grifado: [estampilha].

5.2 Os dizeres impressos e o valor das estampilhas serão transcritos dentro de colchetes e em grifo: [estampilhas, 200 rs].

6. REFERÊNCIAS

6.1 Recomenda-se o uso de um sumário, antecedendo cada texto, composto de datação e resumo de conteúdo.

6.2 Será sempre indicada a notação ou cota do documento para fins de localização no acervo da instituição.

6.3 Sempre se indicará se o documento é original, apógrafo, 2ª via etc.

7. APRESENTAÇÃO GRÁFICA

7.1 A transcrição dos documentos poderá ser linha por linha ou de forma corrida.

7.2 Será respeitada a divisão paragráfica do original.

7.3 As páginas serão numeradas de acordo com o documento original, indicando sempre a mudança de cada uma, entre colchetes e no meio do texto, incluindo-se o verso: [fl. 3], [fl. 3v].

7.4 Se o original não for numerado caberá ao transcritor numerá-las. Os números acrescentados serão impressos entre colchetes e em grifo: [fl. 4], [fl. 4v].

7.5 As folhas em branco serão indicadas entre colchetes e em grifo: [fl. 13, em branco].

Ricardo Selke (Org.)

(conclusão)

8. OBSERVAÇÕES
8.1 Toda edição deverá ser precedida de um texto preliminar em que se indicará o objetivo da publicação, remetendo-a, quanto aos critérios e convenções, para Normas Técnicas para Transcrição e Edição de Documentos Manuscritos. 8.2 É recomendável a utilização de índice remissivo.

Fonte: Araújo, 2013, p. 6-9.

É possível encontrar a leitura dos textos em arquivos públicos. Ao serem expostos para uma transcrição, usa-se o termo *lâmina* para a análise do fragmento. Cabe ressaltar que nem sempre é tão simples reconhecer as formas da caligrafia e o período a que pertence, pois isso demanda um conhecimento que se constrói mediante muita pesquisa e aperfeiçoamento.

Atualmente, temos maior contato com textos escritos em latim e com seus formatos de letras variados, conforme o contexto de cada período. De acordo com Andrade (2010), as línguas faladas na Europa Ocidental derivam do latim, um ramo das línguas indo-europeias. O alfabeto utilizado pelos latinos foi levado pelos etruscos até Roma e era originário do alfabeto grego (Andrade, 2010).

Do latim surgiram duas divisões de períodos para os formatos das letras: sistema clássico e sistema novo ou pós-clássico. Cada um desses sistemas apresenta também subdivisões.

O **sistema clássico** é originário de Roma e data do século II a.C. ao III d.C. Os tipos de escrita a seguir estão compreendidos no sistema clássico.

Escrita capital
Apresenta grafia angular e em letra maiúscula.

Fonte: Horcades, 2004, p. 74.

Escrita capital rústica
Também contém caracteres maiúsculos e sua descrição pode ser encontrada em códices.

Fonte: Andrade, 2010, p. 52.

Escrita capital elegante (século IV)
Apresenta caracteres maiúsculos e é muito similar à escrita rústica.

ATQALIVSLATVMEYNDATAMVERBERATAMNE
ALIAPETENSPELAGOQALIVSTRAHITVMIDALINA
TYMEERRIRIGORATQARGVTAELAMMINASERRAE
NAMPRIMICVNEISSCINDEBANTFISSILELIGNVM

Fonte: Andrade, 2010, p. 53.

Escrita capital comum
Apresenta traço ríspido e com pouco acabamento. Deu origem às escritas nacionais medievais na Europa.

Fonte: Andrade, 2010, p. 54.

No **sistema novo ou pós-clássico** romano ocorreu uma transformação considerável, pois foi adicionada a letra minúscula aos textos. Chamada de *escrita uncial*, podemos encontrá-la em textos dos Evangelhos. As escritas apresentadas a seguir fazem parte desse sistema.

Escrita uncial
A escrita uncial era utilizada em documentos importantes no mundo romano entre os séculos IV e XI. Por apresentar letras maiúsculas mais desenhadas e robustas, chamava atenção e dava realce aos documentos.

Fonte: Andrade, 2010, p. 56.

Escritas nacionais
Representam as transformações relacionadas ao fenômenos ocorridos na Europa e à formação de novas fronteiras causadas pelas invasões bárbaras. Cada região aderiu a um formato de letra, de acordo com os povos que ali se estabeleceram.

Escrita visigótica (séculos V-VII)
Apresenta traço em letra minúscula e arredondada. Era utilizada em monastérios e na produção de documentos de acordos reais.

Fonte: Andrade, 2010, p. 57.

Escrita merovíngia (séculos VI-VIII)
Apresenta traço cursivo e com ligaduras.

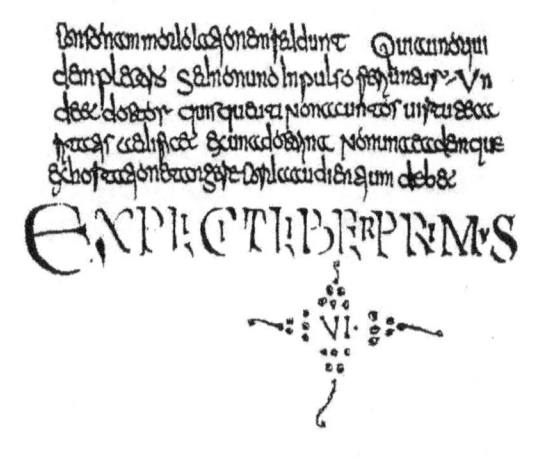

Fonte: Andrade, 2010, p. 63.

Escrita longobarda (séculos VII-IX)
Tem por característica muitas ligaduras arredondadas. Foi utilizada na região da Itália.

Fonte: Andrade, 2010, p. 65.

Escrita beneventana (séculos VII-XIII)
Apresenta traço arredondado e cursivo e era usada em códices e documentos públicos.

Fonte: Andrade, 2010, p. 66.

Escrita insular (século VI)
Foi utilizada na região da Saxônia. É muito similar à escrita librariana.

Fonte: Andrade, 2010, p. 68.

Escrita carolina (séculos IX-XIII)
Trouxe a unificação do entendimento da escrita no território europeu, pois suas ligaduras bem definidas e diferenciadas entre maiúsculas e minúsculas possibilitaram uma leitura de fácil compreensão.

Fonte: Andrade, 2010, p. 71.

Escrita gótica (séculos XII-XV)
Caracterizou-se por mudanças sociais na Europa, já que as primeiras universidades se originaram no coração nos monastérios. A escrita gótica é minúscula, corrida e com muitas curvaturas e ligaduras.

Fonte: Andrade, 2010, p. 73.

Escrita humanística (século XV)
É proveniente da inovação da ciência, das artes e até mesmo do pensamento humano. Ela retomou o lugar de uma escrita compreensível, muito similar à escrita carolina.

Fonte: Andrade, 2010, p. 82.

É importante destacar que as grafias mais desenhadas e elaboradas apresentavam certo grau de dificuldade para sua leitura. Somente pessoas de grupos sociais elevados (Igreja e nobreza) conseguiam compreender o que o documento continha.

As variações nos formatos da escrita, como indicamos neste capítulo, ocorreram de acordo com o processo histórico de cada lugar. Desse modo, é possível perceber que estar atento aos detalhes referentes ao período e à região do achado documental é fundamental para uma transcrição mais fidedigna.

Síntese

Conforme demonstramos neste capítulo, o valor do conhecimento paleográfico é imensurável para a preservação e o entendimento da história. Com as transformações da humanidade, ocorreu um aprimoramento da escrita até chegar à forma dos dias atuais. De uma grafia elitista e de pouco inteligível passou-se a uma grafia acessível a todas as camadas sociais.

Indicação cultural

Livro

MENDES, U. do. **Noções de paleografia**. São Paulo: Departamento do Arquivo do Estado de São Paulo, 1953.

> Esse livro de Ubirajara Dolácio Mendes apresenta uma análise rigorosa e didática sobre o assunto. Por estar disponível na internet, é uma leitura obrigatória para quem quer conhecer mais sobre o tema.

Atividades de autoavaliação

1. Como se define *paleografia*?
   a) É o estudo de objetivos antigos.
   b) É o estudo da escrita antiga.
   c) É o estudo da literatura contemporânea.
   d) É o estudo de história e geologia.
   e) É o estudo da arte romana.

2. Qual é a principal função do estudioso de paleografia?
   a) Traduzir fielmente os traços que lhe são apresentados nos documentos históricos.
   b) Apontar erros históricos nos documentos oficiais, como documentos de diplomacia.
   c) Indicar a origem de determina palavra, apontando sua transformação ao longo do tempo.
   d) Comentar a relação entre os ofícios diplomáticos e os fatos históricos de um período.
   e) Relacionar a história escrita com a história oral.

3. O estudo da paleografia moderna é associado a um grupo social específico, relevante no período medieval europeu. Qual é esse grupo?
   a) Os príncipes italianos.
   b) Os templários.
   c) Os luteranos.
   d) Os monges.
   e) Os camponeses letrados.

4. Um dos pontos-chave do trabalho do pesquisador de paleografia é:
   a) ter um olhar apurado para o desenho das letras a fim de identificar o período a que o texto pertence.
   b) identificar no documento a data de sua emissão.
   c) analisar se o documento é oficial.
   d) indicar a origem (nacionalidade) do documento.
   e) apontar erros ortográficos em documentos diplomáticos.

5. A paleografia é um recurso importante na análise de:
   a) documentos antigos e de difícil leitura para os contemporâneos.
   b) obras de arte contemporâneas.
   c) dados complexos construídos com o auxílio de modelos matemáticos.
   d) aspectos artísticos de civilizações antigas.
   e) aspectos culturais e sociais da Europa do século XV.

Atividades de aprendizagem

Questões para reflexão

1. Quais são os principais desafios que o pesquisador brasileiro terá em sua pesquisa, caso precise usar o método da paleografia?

2. O método da paleografia terá alguma funcionalidade em seu projeto de pesquisa?

Atividade aplicada: prática

1. Construa um mapa conceitual do capítulo em que você aponte as principais características da paleografia: seu sentido, sua origem e seu método.

CAPÍTULO 5
História oral, seus fundamentos e técnicas de entrevista

Ricardo Selke

O ofício do historiador é inseparável da análise, da reflexão e das críticas sobre suas fontes. O senso comum vê no conceito de *fonte* algo que é, por excelência, material, ou seja, escrito, similar a um documento de cartório, reconhecido e de procedência autêntica. Essa visão estereotipada caiu em desuso na academia, especialmente na segunda metade do século XX, mesmo mantendo ressonância em algumas correntes epistemológicas da historiografia.

Compreender o significado da história oral é refletir sobre a mudança de paradigma do fazer histórico – o ofício e suas fundamentações epistemológicas. Por isso, neste capítulo, abordaremos a metodologia da história oral (e sua prática) e seus fundamentos.

(5.1)
Conceituação de história oral

Há uma definição que data da Grécia Antiga e ainda nos persegue: fazer história é o oposto de fazer ficção. Essa distinção foi estabelecida por Aristóteles, em sua *Poética*, e permanece em aberto:

> *Também fica evidente, a partir do que foi dito, que a tarefa do poeta não é a de dizer o que de fato ocorreu, mas o que é possível e poderia ter ocorrido segundo a verossimilhança e a necessidade. Com efeito, o historiador [...] e o poeta diferem entre si não por descreverem os eventos em versos ou em prosa [...] mas porque um se refere aos eventos que de fato ocorreram, enquanto o outro aos que poderiam ter ocorrido.* (Aristóteles, 2015, p. 96-97)

Aristóteles estabeleceu a diferença entre o trabalho do poeta e o do historiador já no século IV a.C. Pode parecer um tempo muito distante, mas sua contribuição perdura. Como sabemos, de um lado está a ficção e do outro estão os historiadores, com sua metodologia e respeito ao fato.

Como Eric Hobsbawm aponta, agora mais próximo de nós, o historiador nunca pode perder de vista a supremacia da evidência e dos fatos verificáveis: "Se um romance deve tratar do retorno de Napoleão de Santa Helena em vida, ele poderia ser literatura, mas não conseguiria ser história. Se a história é uma arte imaginativa, é uma arte que não inventa, mas organiza [objetos encontrados]" (Hobsbawm, 2011, p. 287).

Todavia, como é possível organizar um fato, ou os **fatos verificáveis** apontados por Hobsbawm? No século XIX, o caminho mais reconhecido pelos historiadores da vertente positivista era o documento oficial. Esse entendimento durou até o início do século XX.

A oralidade, pela sua natureza, não era digna de confiança. Como observa Jorge Lozano,

> *A evidência oral era abertamente rejeitada. Essa atitude e mola do fazer histórico predominou até depois de meados deste século, quando certos historiadores, ansiosos por encontrarem novos temas e fontes de informação, "reconheceram" e iniciaram, de forma entusiástica e não raro romântica, a construção, sistemática ou não, de novas **fontes orais**.* (Lozano, 2011, p. 19, grifo do original)

No entanto, estamos distantes de uma historiografia que dá valor apenas a documentos supostamente genuínos (oficiais) e, por isso, superiores a todas as outras formas de expressão e conhecimento de um período. A história, como disciplina, ganhou novos contornos e foi anexando novos territórios no início do século XX, aceitando o postulado, métodos e conceitos de outras disciplinas, como no caso dos Annales e de sua influência no combate ao primado da história política, "que impede de levar em conta e explicar a totalidade";

da "ampliação do campo do documento histórico ao mesmo tempo que a do território do historiador"; da "caracterização da história como ciência social, como ciência das sociedades humanas do passado"; e do "interesse pelo componente coletivo das realidades humanas, visto que não existe ciência sem o geral" (Gortázar, 2013, p. 530, grifo nosso).

Se fôssemos ignorar a oralidade, boa parte da produção cultural e intelectual da humanidade teria de ser descartada como inválida pelos historiadores. Essa constatação foi feita inicialmente pela antropologia, área acadêmica que esteve na vanguarda de várias metodologias, como a etnografia, com a descrição e análise da organização de um povo (mitos, noções de parentesco, divisões de gênero). A história oral mantém uma conexão tanto com a psicologia (memória) quanto com a antropologia (oralidade), pois foram essas áreas as primeiras a se interessarem pelas tradições orais:

> *O estudo da oralidade veio sendo ensaiado a partir da antropologia, no âmbito da pesquisa dos processos de transmissão das tradições orais, principalmente aquelas pertencentes a sociedades rurais, onde os modos de transmissão e conhecimento ainda transitam, de maneira relevante, pelos caminhos da oralidade.* (Lozano, 2011, p. 15)

A oralidade, como transmissão de um conhecimento não registrado, tradicionalmente passado de geração em geração, é uma forma de conhecimento e pode ser analisada como tal. Porém, nossa sociedade é assentada na escrita – não há como negar. O papel timbrado é que firma o contrato e a lei, não existindo nenhuma forma de legalidade meramente oral em nenhum país ocidental. O que isso revela? Pensemos nos irmãos Grimm. A grande realização dos Grimm no século XVIII foi transcrever várias fábulas que circulavam no meio oral, especialmente entre a população mais pobre. Possivelmente, essas histórias não teriam ficado tão conhecidas se não fosse o trabalho dos dois, mas não foi apenas no século XVIII que as fábulas orais permearam o cotidiano.

Você consegue imaginar alguma história oral que é passada de geração em geração e ainda está presente no século XXI? Pense no Papai Noel. Esse ente não está associado a nenhum livro ou escrita. Ele é uma fábula que é contada oralmente por pais e mães ao longo de inúmeras gerações. Quando a mãe ou o pai conta a história de Papai Noel, não o faz com o livro em mãos, pois a narração é de conhecimento geral: ele é um idoso que dá presentes para crianças durante o período do Natal. Esse exemplo pode parecer banal e irrelevante, mas o antropólogo Claude Lévi-Strauss, em *O suplício do Papai Noel*, buscou analisar o sentido dessa fábula. A citação é longa, mas serve para a compreensão do uso que os antropólogos fazem da oralidade em seus estudos:

> *Papai Noel veste-se de vermelho: é um rei. A barba branca, as peles, as botas e o trenó evocam o inverno. É chamado de "papai" e é idoso: encarna, portanto, a forma benevolente da autoridade dos antigos. Tudo isso é bastante claro, mas em que categoria ele deve ser classificado, do ponto de vista da tipologia religiosa? Não é um ser mítico, pois não há um mito que dê conta de sua origem e de suas funções; tampouco é um personagem lendário, visto que não há nenhuma narrativa semi-histórica ligada a ele. Na verdade, esse ser sobrenatural e imutável, fixado eternamente em sua forma e definido por uma função exclusiva e um retorno periódico, pertence mais à família das divindades; as crianças prestam-lhe um culto em certas épocas do ano, sob a forma de cartas e pedidos; ele recompensa os bons e priva os maus.* (Lévi-Strauss, 2008, p. 22-23)

Assim como a antropologia, a psicologia também dialoga com a história oral. Para Lozano (2011, p. 20), essa relação desenvolveu

> *um aspecto fundamental no ofício do historiador oral, que é a precaução metodológica mediante a utilização de certos controles sobre a geração e o tratamento da informação oral, assim como reflexões sobre a peculiar relação que se estabelece entre o informante e o entrevistador e os fatores que afetam sobremaneira a produção e o caráter das fontes orais.* (Lozano, 2011, p. 20)

O que torna a fonte da história oral tão complexa, comparada a outras? Ora, no caso da história oral, a fonte fala, dialoga, contesta – em suma, ela está viva e frente a frente com o historiador. Não é um documento que se encontrou no museu ou numa biblioteca. Isso não a torna necessariamente mais difícil ou mais fácil, e sim singular diante dos demais tipos de fonte. Etienne François (2011, p. 9) resume essa questão ao afirmar o seguinte:

> *Que essa relação, diferente daquela que o historiador mantém com uma documentação inanimada, é de certa forma mais perigosa e temível, nem é preciso lembrar: uma testemunha não se deixa manipular tão facilmente quanto uma série estatística, e o encontro propiciado pela entrevista gera interações sobre as quais o historiador tem somente um domínio parcial.*

O pesquisador que pretende construir o conhecimento histórico de um período valendo-se dos métodos da história oral tem um desafio de grandes proporções pela frente. Isso se dá pela peculiaridade da fonte histórica com que ele lidará inicialmente: a **memória humana**.

5.1.1 Memória

Todos temos uma memória e construímos uma narrativa de nossa trajetória (acontecimentos individuais) que perpassa acontecimentos sociais; por exemplo, conseguir o primeiro emprego durante um período de crescimento econômico ou perder o emprego durante um momento de recessão. É natural que, ao recordar um acontecimento pessoal, o indivíduo o relacione ao governante do país daquele mesmo período, como é comum nas pessoas com mais de 50 anos no Brasil que viveram o período de ditadura militar.

A discussão sobre memória é extensa e data da Grécia Antiga. De um ponto de vista meramente semântico, *memória* designa a habilidade de recordar algo que ocorreu no passado. Para o entendimento que buscamos enfatizar aqui, cabe notar que

> *Quando os historiadores começaram a se apossar da memória como objeto da História, o principal campo a trabalhá-la foi a História Oral. Nessa área, muitos estudiosos têm-se preocupado em perceber as formas de memória e como esta age sobre nossa compreensão do passado e do presente. Para teóricos como Maurice Halbawchs, há inclusive uma nítida distinção entre memória coletiva e memória histórica: pois enquanto existe, segundo ele, uma História, existem muitas memórias.* (Silva; Silva, 2014, p. 276)

O principal estudioso da memória é Maurice Halbwachs (1877-1945), sociólogo que manteve contato acadêmico com figuras importantes do cenário francês, como Émile Durkheim e Marcel Mauss. Halbwachs ainda é considerado uma referência nos estudos de memória coletiva. Suas teses são de extrema importância para o surgimento da história oral, mesmo que o termo *história oral* não tenha integrado as conceituações propostas pelo autor em suas obras. Os conceitos que ele utilizou, como *lembranças coletivas*, *memória coletiva* e *lembranças fictícias*, fazem parte do escopo atual da metodologia.

Pertencente a uma linha intelectual francesa que dá mais ênfase ao social do que ao individual, Halbwachs (2017) indica que mesmo as memórias individuais (consideradas por nós mesmos) são reais e coletivas. Podemos pensar em três exemplos dados pelo próprio autor referentes à formação de uma lembrança coletiva: (1) nossas vagas memórias de infância, (2) a formação de nossa opinião e (3) a vivência em sala de aula – relação entre professor e alunos.

No primeiro caso, Halbwachs aponta que nossas memórias de infância são as mais difíceis de serem lembradas, caso as compararmos com as memórias de nossa adolescência. Para ele, isso tem uma resposta: quando crianças, ainda não somos seres sociais. Podemos questionar essa afirmação indicando que o cérebro infantil ainda não se desenvolveu plenamente. No entanto, como nós mesmos sabemos, analisando nossa própria vida, boa parte de nossas recordações infantis vem de histórias guardadas pelos nossos familiares, como pais e avós. São eles que nos recordam de nossos atos. No segundo caso, o autor comenta que o que consideramos como opiniões individuais, muitas vezes, são apenas repetições do que lemos em jornais ou livros. O terceiro e último exemplo (a dinâmica da sala de aula) retrata o que Halbwachs chama de *pequenas comunidades* e sua relação com a formação da memória coletiva.

Nesse caso, optamos por tomar a palavra do autor, tendo em vista a importância dele para o debate. Halbwachs analisa as diferentes memórias que se formam entre o professor (de um lado) e sua turma (do outro). O contraponto do autor é que a memória considerada individual só pode ser efêmera:

> *Veja, por exemplo, um professor que durante dez ou quinze anos deu aulas em uma escola. Um dia encontra um de seus antigos alunos e mal o reconhece. O aluno fala de seus colegas daquela época. Recorda os lugares que ocupavam nos bancos da sala de aula. [...] Pode muito bem acontecer que o professor não tenha guardado nenhuma lembrança de tudo aquilo. [...] Como esqueceu tudo aquilo? E como é que, afora pouquíssimas reminiscências muito vagas, as palavras do antigo aluno não despertam em sua memória nenhum eco de outrora? Isso acontece*

porque o grupo que constitui uma turma é essencialmente efêmero, pelo menos quando pensamos que a classe compreende o mestre ao mesmo tempo que os alunos, e não é mais a mesma quando os alunos, talvez os mesmos, passam de ano e se reencontram em outra sala, em outros bancos. (Halbwachs, 2017, p. 33-34)

Em suma, Halbwachs nota que a memória que sobrevive à passagem do tempo só pode ser aquela que está amparada no social e não no individual. Do ponto de vista historiográfico, isso faz todo o sentido: a história oral é proposta como uma análise de grupos sociais e nunca de indivíduos isolados.

Do ponto de vista psicológico, que tradicionalmente dá mais ênfase ao individual (à formação da personalidade), a memória é compreendida como parcial, propensa a equívocos e, muitas vezes, de difícil acesso, em virtude de traumas e repressão. No trabalho de pesquisador, será muito raro que, em algum ponto de uma entrevista, ele não toque em uma memória que causará desconforto ou sofrimento no entrevistado. Nessas situações, o papel do profissional é demonstrar empatia, respeito e cuidado ao expor o questionário. É preciso ter em mente que, para Freud (2010), a repressão está no meio da balança entre a fuga e a condenação, permanecendo ativa no inconsciente.

Não se deve imaginar o processo de repressão como algo acontecido uma única vez e que tem resultado duradouro, mais ou menos como quando se abate algo vivo, que passa a estar morto; a repressão exige, isso sim, um constante gasto de energia, cuja cessação colocaria em perigo o seu êxito, de modo que um novo ato de repressão se tornaria necessário. (Halbwachs, 2017, p. 90)

Isso nos leva à pergunta central do capítulo: O que é história oral? Para estabelecer toda e qualquer definição de uma metodologia, é necessário tomar o cuidado de não fazê-la parecer pretensiosa e fechar o debate historiográfico. Em outras palavras, definir em poucas palavras algo tão abrangente quanto *história oral* é uma armadilha. Contudo ainda podemos considerar que ela está centrada na construção de uma narrativa histórica, que é social, conforme veremos a seguir.

(5.2)
O USO DA ENTREVISTA COMO METODOLOGIA

A entrevista é uma metodologia na qual o entrevistador questiona o entrevistado sobre acontecimentos, recordações, memórias e sensações, registrando as palavras ditas. O uso de gravadores, tradicionalmente, é inseparável dessa metodologia.

Encerrado o trabalho, as entrevistas gravadas devem ser transcritas (essa é uma das tarefas mais difíceis que o pesquisador terá pela frente) e, posteriormente, as fontes orais podem virar um banco de dados para futuros pesquisadores interessados no tema. Aqui há uma questão de ética: o que foi descoberto e analisado deve ser devolvido para a comunidade atuante; logo, o pesquisador exerce um papel de mediador entre a pesquisa e as pessoas que aceitaram participar do projeto. Sem esse encerramento – que, como afirmarmos, é ético –, a pesquisa poderá ser questionada pelos seus pares e pelos próprios participantes.

Não há uma única forma de definir a história oral, mas, para termos uma base, utilizaremos as seguintes abordagens:

A formulação de documentos através de registros eletrônicos é um dos objetivos da história oral. Contudo, esses registros podem também ser analisados a fim de favorecer estudos de identidade e memórias coletivas. [...]

História oral é uma alternativa para estudar a sociedade por meio de uma documentação feita com o uso de entrevistas gravadas em aparelhos eletrônicos e transformadas em textos escritos. (Meihy; Holanda, 2010, p. 18-19)

Em ambas as definições, identificamos o uso de registros (ou aparelhos) eletrônicos como base do que é **fazer história oral**. O que seriam esses aparelhos? Gravadores de voz ou de vídeo.

> **Preste atenção!**
>
> Há pouco tempo, antes da popularização dos celulares, gravar outra pessoa era um ato de difícil operação. Os gravadores de voz eram grandes e pesados, a qualidade do som não era ideal e as fitas podiam embaralhar. Em suma, não era um trabalho tão simples. Hoje, com os celulares, gravar uma pessoa se tornou algo mais fácil. As primeiras dicas que podemos dar ao pesquisador são: adquirir um bom gravador de voz e sempre levar um reserva para campo.

Como em qualquer pesquisa histórica, a entrevista realizada de forma aleatória e sem propósito não torna alguém um historiador profissional – o registro em si não tem um valor claro. Toda pesquisa nasce de uma problemática, de uma intenção e deve ser planejada cuidadosamente para evitar a indução, levando o entrevistado (figura central na história oral) a tomar um posicionamento que é, na verdade, a conclusão do entrevistador.

Como pesquisador, um dos primeiros passos que você deverá tomar é buscar a coerência do grupo pesquisado, fonte de suas entrevistas. Não queremos dizer com isso que a história oral poderá ser inteiramente neutra. Todo conhecimento humano, seja nas ciências humanas, seja nas ciências taxadas como *duras* (como a física), nasce do estímulo a algo, que é subjetivo por natureza. Assim, onde há metodologia, há procedimentos a serem respeitados.

É válido analisar a seguinte questão: Apenas a fala de um indivíduo, mesmo que conduzida pelo historiador, revela tudo sobre um acontecimento? Vamos criar um exemplo hipotético para provarmos um ponto: a omissão também faz parte do conhecimento histórico. Imagine que você vai entrevistar um idoso que em sua juventude fez parte de um movimento de extrema direita, nazista ou fascista. Você está interessado em entender quais motivos o levaram a integrar esse movimento e a aceitar uma possível política de extermínio de outros seres humanos. Pense em como seria essa entrevista. Quais perguntas você gostaria de formular? Como seria a estrutura narrativa desse idoso? Ele iria demonstrar arrependimento ou iria vangloriar-se de seus atos? Seu relato seria preciso ou teria omissões?

Além das omissões, lembre-se de que a história oral ocorre simultaneamente em dois momentos: ela é uma lembrança/recordação feita no presente, com a orientação do historiador. Isso implica a necessidade de compreender os riscos que a metodologia apresenta. Existem duas épocas: uma evocada e do interesse do pesquisador (passado) e outra em que a entrevista se passa (presente). Essa observação pode parecer um tanto óbvia e redundante a um leitor distraído, mas não é.

Como todo conhecimento é produzido com problemáticas atuais, o passado, que no senso comum é imutável, vai se transformando dependendo da subjetividade do entrevistado e do clima político ou institucional em que se passa a entrevista. O tempo presente é o terreno que orientará a lembrança e a memória. Soldados alemães que participaram da Segunda Guerra Mundial no *front* oriental provavelmente não gostariam de se lembrar do próprio passado e, caso ocorra um questionamento, buscarão uma narrativa de arrependimento e omissão – afinal, seu país foi derrotado e seus crimes são de conhecimento público.

Os parágrafos anteriores não têm como objetivo assustá-lo, leitor – são apenas uma análise dos desafios que você, como pesquisador, terá pela frente. Indo do mais simples ao mais complexo: seu primeiro passo será delimitar seu grupo de entrevistados e dar-lhe coesão. Em outras palavras, pense cuidadosamente em qual será a problemática de seu projeto e de seu estudo. Uma pesquisa em história oral que não tenha coesão e uma problemática não será viável. Estabeleça claramente qual grupo social que você quer pesquisar e quais pontos dessa memória coletiva você pretende relacionar com o contexto histórico.

O conceito de *identidade*, tão propagado na academia atualmente, será de grande valia para o início de seu projeto. É um conceito ambivalente, pois pode indicar dois caminhos autônomos: um fundamentado em um movimento identificado como essencialista, que busca padrões e características muito bem definidas, geralmente estabelecidas por um movimento social com interesses políticos na reivindicação de uma causa específica; e outro baseado em uma construção histórica, passível de mudanças e negações internas, a qual será analisada no âmbito do contexto (histórico e geográfico) de seu surgimento. No primeiro caso, como indica Adam Kuper (2002, p. 299), a identidade representa "expectativas a serem atendidas, exigências a serem cumpridas". No segundo caso, a identidade é plural, constituindo-se em "fabricações discursivas instáveis" (Kuper, 2002, p. 302).

De modo similar, a antropóloga Manuela Carneiro da Cunha (2017), em seu livro *Cultura com aspas*, expõe sua tese de que há dois sentidos para *cultura*: por um lado, "cultura" indica sua associação a propostas legais essencialistas; por outro, cultura (sem aspas) seria o conceito tradicionalmente associado aos estudos antropológicos ocidentais. Em suas palavras:

> *há uma marcada diferença entre a cultura entendida desse modo, passível de acumulação, empréstimo e transações, e aquela que chamei de "cultura" e que opera num regime de etnicidade. Nesta última, entre outras coisas, a cultura é homogeneizada, estendendo-se democraticamente a todos algo que é, de um outro ponto de vista, uma vasta rede de direitos heterogêneos. Num regime de etnicidade, pode-se dizer que cada kayapó tem sua "cultura"; no regime anterior [...] cada kayapó tinha apenas determinados direitos sobre determinados elementos de sua cultura.* (Cunha, 2017, p. 358)

Nesse sentido, há dois polos de identidade, mas o que une ambos os conceitos expostos anteriormente é que a identidade só pode existir em relação ao "outro", independentemente de ser essencialista ou não. Como qualquer signo, a identidade só pode existir numa relação que é social e não apenas individual, conferindo significado e um sistema simbólico de unificação a um grupo ou nação. Tradicionalmente, esse grupo se estabelece numa relação binária com o "outro", valendo-se da **marcação simbólica**[1] para apontar a

---

1 *Termo utilizado por Kathryn Woodward (2000) em seu texto "Identidade e diferença" para indicar a materialidade da distinção entre grupos, como uma bandeira nacional ou um uniforme.*

própria superioridade. Somado a isso, há o fato de que a formação do processo identitário é contextual, associado a determinado aspecto social e material de uma região.

Esse "outro" é tão imaginário e inventado quanto a própria identidade do grupo estabelecido/dominante, com a grande diferença de que a distinção entre as identidades (o "nós" e os "outros") é assimétrica e normativa, podendo chegar ao limite de desumanizar seres humanos por não compartilharem determinada crença. O clichê histórico da chegada dos europeus à América é pertinente pelo impacto que teve nos povos nativos, desumanizados e dizimados; porém, também nos é útil para compreendermos como a descrição do outro é fadada a exageros e equívocos:

> Logo após a descoberta da América, os espanhóis enviaram delegações para averiguar se os nativos tinham alma ou não, enquanto os próprios nativos estavam bastante ocupados afogando prisioneiros brancos para verificar se seus corpos estavam sujeitos à putrefação. Essa fé na diferença e na superioridade pode ser uma ilusão útil, mas não deixa de ser uma ilusão. (Kuper, 2002, p. 306)

Tendo um papel central na formação de uma **identidade essencialista**, a distinção nutre a crença de que os valores estabelecidos por determinado grupo são melhores ou superiores do que outros. Um exemplo disso seriam os atos de falar e escrever um português sem desvios gramaticais, atentando-se para o uso da norma-padrão. Esses valores são associados a uma classe dominante e impostos como referência normativa a todos os outros grupos – possivelmente sendo contestados, como qualquer identidade. Não há identidade, nesse sentido, sem a imposição de um **sistema de classificação**, o qual pode perpassar costumes, crenças religiosas, organizações sociais ou, no caso histórico mais notório, raças.

O sistema de classificação pode parecer algo abstrato ou histórico, associado ao racismo do século XIX, por exemplo. Certamente, ele é histórico, mas isso não pode nos impedir de compreender que ainda perpassa todo o nosso cotidiano.

Kathryn Woodward (2000), retirando um exemplo da obra de Pierre Bourdieu, analisa o conceito de *distinção* com base na relação entre alimentação e classe social. Outro exemplo retratado por Bourdieu em seu livro é a classificação de vestuários entre as diferentes classes sociais: nas classes populares, o vestuário deve ser funcional (deve durar), ao passo que, nas classes médias, há um entendimento de que a forma (beleza) deve ser privilegiada[2] (Woodward, 2000).

Um sistema de classificação não precisa necessariamente separar povos (aqueus e troianos; gregos e bárbaros; brancos e índios), mas pode ser responsável pela separação entre classes sociais ou grupos sociais dentro de uma mesma sociedade.

É com base nesse sistema de classificação que a relação entre o "nós" e os "outros" se forma, dificultando que a identidade seja compreendida a olho nu como mera construção/invenção (uma possibilidade entre outras). Nessa perspectiva, ela é vista, no caso de sociedades tradicionais, como algo natural, retirado dos costumes antigos ou, no caso da modernidade, como algo que procura na biologia e no método científico sua legitimação. À primeira vista, pode parecer estranho que a distinção mantenha relação com a pretensão de

---

2 Referimo-nos ao seguinte trecho: *"As classes populares transformam o vestuário em um uso realista ou, se preferirmos, funcionalista. Ao privilegiar a substância e a função em relação à forma, elas desejam a devida compensação, se assim se pode dizer, para seu gasto, escolhendo algo 'que pode durar muito tempo'. Ignorando a preocupação burguesa de introduzir a boa apresentação no universo doméstico – lugar de liberdade, do avental e das pantufas (para as mulheres), do torso nu ou da camiseta (para os homens) – elas desleixam a distinção entre a roupa de cima, visível, destinada a ser vista, e a roupa de baixo [...]"* (Bourdieu, 2006, p. 190).

unificação de uma identidade. Afinal, distinguir é separar. Em todo caso, a distinção é um processo que leva à unificação de determinado grupo ao excluir outro. Logo, nosso foco deve estar nos signos utilizados nas distinções entre grupos, pois é da marcação simbólica, separando e unindo grupos, que a identidade retira sua legitimação.

Para facilitar a compreensão do sentido que a coerência e a identidade têm nos estudos, vamos apresentar alguns exemplos práticos, produzidos por historiadores de renome.

Quadro 5.1 – Leituras introdutórias

Autores	Grupo social/Coerência	Obra
Svetlana Aleksiévitch	Crianças soviéticas que viram a invasão nazista em 1941.	*As últimas testemunhas: crianças na Segunda Guerra Mundial*
Ana Lugão Rios e Hebe Mattos	Descendentes de africanos escravizados.	*Memórias do cativeiro: família, trabalho e cidadania no pós-abolição*
Ecléa Bosi	Idosos que viveram na cidade de São Paulo.	*Memória e sociedade: lembranças de velhos*
Orlando Figes	Famílias que sofreram durante o regime de Stalin na União Soviética.	*Sussurros: a vida privada na Rússia de Stalin*

Svetlana Aleksiévitch (2018), jornalista ucraniana, iniciou uma pesquisa sobre o grupo social mais vulnerável no contexto de invasão nazista da União das Repúblicas Socialistas Soviéticas (URSS), em 1941: crianças que moravam nas cidades fronteiriças entre a Polônia ocupada pelos nazistas e a URSS. Elas foram as primeiras pessoas (junto com seus pais, obviamente) dessa região a compreenderem o significado do totalitarismo nazista que marcaria o século XX.

Essas crianças, que tinham entre 8 e 12 anos em 1941, compõem o grupo social que dá coesão ao tema. Observe: a autora não está examinando os relatos das crianças soviéticas para posteriormente analisar a fala de um oficial nazista ou de um soldado soviético, como ocorreria em um texto comparado. Sua base de entrevistas são as crianças soviéticas – e só. Elas são o grupo social escolhido, e a problemática e o recorte são os dias iniciais da invasão e seus efeitos prolongados nas vidas desse grupo depois da derrota nazista. Os relatos têm como mote o sofrimento e a dor da guerra, causados pela morte dos pais ou de entes queridos; contudo, há também as associações, conforme exposto nos dois exemplos a seguir.

Exemplo 1

A guerra começou logo depois que eu terminei o sexto ano. Na época, o regulamento que havia na escola dizia que a partir do quarto ano todos faziam provas. E tínhamos feito a última prova. Era junho, mas maio e junho de 1941 foram frios. Se na nossa terra o lilás floresce em algum momento de maio, naquele ano ele floresceu no meio de junho. E assim o começo da guerra para mim está para sempre ligado ao cheiro do lilás. Ao cheiro da cereja-galega... Para mim, essas árvores sempre vão ter cheiro de guerra...

Fonte: Aleksiévitch, 2018, p. 14.

Exemplo 2

Veio o inverno, para cada quatro só tínhamos um par de botinhas. E depois começou a fome. Não só os orfanatos passavam fome, as pessoas ao nosso redor também, porque entregavam tudo para o front. Moravam 250 crianças no orfanato, e uma vez nos chamaram para o almoço, mas não havia nada para comer. A educadora e a diretora estavam sentadas no refeitório olhando para a gente, e os olhos delas estavam cheios de lágrimas.

Fonte: Aleksiévitch, 2018, p. 18.

No primeiro relato, há um aspecto que merece ser destacado: a associação entre algo físico (terra lilás) com o acontecimento histórico em si (a invasão da URSS). Alguns pesquisadores de história oral se valem de estímulos para iniciar uma entrevista. Nossa memória, muitas vezes, é dependente disso. Usar ou não estímulos é uma escolha do pesquisador e deve estar em consonância com o seu projeto. Como exemplos de estímulo, podemos citar as fotos, os cheiros, os diários, os jornais de época etc. No caso do primeiro relato, a própria entrevistada fez a associação, livremente.

No segundo relato, a fome e o sofrimento diário aparecem com mais força. Fome, sofrimento e morte constam em todos os relatos recolhidos, mesmo que de diferentes maneiras. Logo, a experiência dessas crianças soviéticas não foi individual, e sim social.

Como observam Meihy e Holanda (2010, p. 28),

> Em história oral, o "grupal", "social" ou "coletivo" não corresponde à soma dos particulares. O que garante unidade e coerência às entrevistas enfeixadas em um mesmo conjunto é a repetição de certos fatores que, por fim, caracteriza a memória coletiva. [...] Nesse sentido, a história oral é sempre social. Social, sobretudo porque o indivíduo só se explica na vida comunitária. Daí a necessidade de definição dos ajustes identitários culturais.

No livro *Memórias do cativeiro: família, trabalho e cidadania no pós-abolição*, Ana Lugão Rios e Hebe Mattos (2005) se propõem a analisar a memória da escravidão brasileira a partir de entrevistas com os descendentes de escravizados. Para os interessados em aprender mais sobre a prática da história oral, o livro é leitura obrigatória. Um dos capítulos mais interessantes se refere ao processo de emancipação, ocorrido em 1888. Como as autoras notam, nas entrevistas e relatos,

> *A concepção mais presente é a da liberdade obtida enquanto dádiva concedida pela Princesa Isabel. Esta visão não elimina, porém, uma memória mais fragmentada, ainda assim bastante evidente, dos diversos conflitos que antecederam o 13 de maio. Destacam-se [...] as narrativas sobre as disputas entre os ex-senhores pelo trabalho dos libertos. As alforrias coletivas, as fugas de escravos em massa que antecederam a aprovação da Lei, as dificuldades em contar com as forças repressivas para recapturar os escravos fugidos são elementos do processo abolicionista que se fazem presentes nas narrativas registradas.* (Rios; Mattos, 2005, p. 109)

O que as autoras indicam é que a narrativa (as entrevistas) dos descendentes de africanos escravizados apresenta um diálogo recorrente: a abolição como um "presente" da Princesa Isabel. Essa narrativa é notória entre historiadores – e é combatida especialmente na academia como uma mitologia criada pela elite brasileira da época, com o objetivo de desconsiderar a luta dos africanos e dos abolicionistas. As autoras não estão afirmando que a abolição **foi** uma dádiva; elas apontam que há uma recorrência nas entrevistas da ideia da abolição **como** uma dádiva. Num dos relatos, o entrevistado afirma:

> *Papai contava que a Princesa Isabel... [...] Tinha serviço com pedra! Então ela veio e olhou aqueles escravos trabalhando, sofrendo... Ela ficou com tanta dó! Aí ela falou pra aqueles que estavam dirigindo os escravos que cortassem no braço deles e no braço de um escravo para ver se o sangue que corria não era igual! E dali ela voltou revoltada. E aí ela declarou a Lei Áurea. Assinou a lei da liberdade.* (Rios; Mattos, 2005, p. 110)

O acontecimento descrito ocorreu? A Princesa Isabel realmente realizou esse ato? É um fato histórico? A chance é mínima – mas a questão não é essa. Não é dever do pesquisador de história oral parar a entrevista e separar a memória coletiva do entrevistado de um fato histórico. Seu interesse está na narrativa, na memória. Se fôssemos retratar o que os historiadores apontam no processo de abolição, a discussão seria outra:

> E a imagem pública de Isabel seria mesmo muito valorizada com a lei, sendo ela lembrada como "a redentora dos negros". A própria maneira como a abolição foi apresentada oficialmente – como um presente e não como uma conquista – levou a uma percepção equivocada de todo esse processo marcado pelo envolvimento decisivo dos próprios escravizados na luta. A estratégia política implicava divulgar que eles haviam sido "contemplados" com a lei, recebido uma dádiva, e mais: precisavam mostrar apenas gratidão pelo "presente", assim como ampliar e consolidar antigas redes de dependência. (Schwarcz; Starling, 2015, p. 310)

É imprescindível esclarecer que a história oral é a compreensão da memória coletiva de um grupo social, evitando-se, assim, uma busca inquisitória pela "realidade" de um acontecimento. Nesse sentido, deve-se prezar pelo entendimento das narrativas recorrentes. Ao ir para o campo entrevistar, sempre tenha isso em mente.

Como analisa Ecléa Bosi (2010, p. 37), ao refletir sobre a própria pesquisa:

> Não dispomos de nenhum documento de confronto dos fatos relatados que pudesse servir de modelo, a partir do qual se analisassem distorções e lacunas. Os livros de história que registram esses fatos são também um ponto de vista, uma versão do acontecimento, não raro desmentidos por outros livros com outros pontos de vista.

Lembre-se das citações de Aristóteles e de Hobsbawm nas primeiras páginas deste capítulo. O primeiro fez a distinção entre o poeta e o historiador. O segundo apontou que o historiador deveria ter em mente os fatos verificáveis. Ora, o que Bosi fez não é história então?

Claro que é. O fato de você não poder verificar empiricamente que uma memória ocorreu exatamente como o personagem está afirmando não tira o mérito da história oral em dar voz a pessoas que tradicionalmente não teriam seus pontos de vista relatados ou publicados. Há uma similaridade aqui com os estudos de literatura. Todos sabemos que os relatos da *Ilíada* e da *Odisseia* não são verdadeiros, mas invenções de Homero. Isso tira o peso que essas duas ficções têm para a cultura ocidental? É possível fazer um estudo sobre a formação do povo grego sem citar Homero? E no caso de Roma? Alguém acredita na lenda de Rômulo e Remo? Dificilmente. Entretanto, as histórias, mesmo as inventadas, têm um poder de retratar o período histórico no qual elas foram originadas. Em suma, nossa cultura estaria infinitamente mais pobre se não levássemos em conta nossa tradição oral.

Como afirma Peter Jones (2013, p. 24-25), estudioso da *Ilíada*[3],

Mesmo que a Ilíada *seja essencialmente ficção, a ficção não exclui a história. Afinal de contas, os romances são ficção, mas geralmente tentam evocar um mundo real, e o mundo real, pelo menos o do tempo de Homero, tem muita relevância no poema. Por exemplo, o pano de fundo econômico da* Ilíada *é agrícola [...]. Consideremos as implicações políticas da descrição homérica do exército grego em Troia: ora este parece ser um "povo" unido, ora não passa de uma frouxa confederação de tropas recrutadas em contingentes de toda a Grécia, cujos líderes estão em conflito constante para angariar prestígio.*

Ecléa Bosi (2010), autora de *Memória e sociedade: lembranças de velhos*, também é uma referência para os estudos de história oral no Brasil. Na introdução dessa obra, a autora informa: "Este é um estudo sobre memórias de velhos. Para obtê-las, entrevistei longamente

---

3 *A* Ilíada *é um poema que retrata a Guerra de Troia, entre aqueus e troianos.*

pessoas que tinham em comum a idade, superior a setenta anos, e um espaço social dominante em suas vidas: a cidade de São Paulo" (Bosi, 2010, p. 37).

A leitura das memórias aponta para a ligação entre a vida cotidiana e fatos históricos de grande envergadura, como o relato sobre o impacto da Revolução de 1924 na vida do sr. Ariosto, mas não apenas isso. Fazer história oral não é conectar o cidadão anônimo com as guerras, golpes ou outros fatos históricos retratados em livros didáticos, ou seja, não é conectar o cidadão comum com o personagem excepcional. É ir além. É construir uma interpretação que revele que a "inscrição de pessoas comuns foi uma etapa significativa e que serviu de ponto de apoio para a outra tendência, a história de grupos que de alguma maneira ficaram à margem do processo de integração social" (Meihy; Holanda, 2010, p. 106).

Livros sobre a Batalha de Waterloo e a liderança excepcional de Napoleão Bonaparte durante a Revolução Francesa (1789-1799) podem encher uma prateleira inteira. O que a história oral pretende, para além dessa perspectiva, é olhar para o campo de batalha não pelos olhos dos generais e dos imperadores, mas dos soldados comuns. Vamos explorar essa metáfora mais adiante, observando o impacto que teve na historiografia; cabe notar, porém, que a metáfora não é gratuita. A história oral ganhou forma na cidade de Nova York, na Universidade de Columbia, pouco depois do fim da Segunda Guerra Mundial (1939-1945). O interesse pela vida e cotidiano dos soldados era uma preocupação dos estadunidenses, afinal, eram seus amigos, irmãos, pais e familiares que lutaram na Europa e no Pacífico. Observe que a história oral tem uma origem democrática, em contraposição a uma "história aristocrática", vista de cima para baixo, que se importa apenas com os grandes homens e seus feitos.

Por fim, Orlando Figes (2010), considerado um dos principais historiadores da Revolução Russa (1917), analisa e retrata, na obra *Sussurros: a vida privada na Rússia de Stalin*, a vida de pessoas que estavam longe do círculo íntimo de Stalin, mas que foram afetadas pelas decisões políticas do período histórico conhecido como *stalinismo* ou *totalitarismo soviético*. As entrevistas não resultaram, como em *Memória e sociedade: lembranças de velhos*, numa transcrição das histórias de vida dos entrevistados, mas numa análise contundente da vida de pessoas comuns da URSS. Em *Sussuros*, a problemática é: "Como o povo soviético conduzia sua vida privada durante o governo de Stalin?" (Figes, 2010, p. 24). Ao apontar seu objetivo, o autor esclarece que a obra "não é sobre Stalin, apesar de sua presença ser sentida em cada página, nem diretamente sobre a política do regime, mas sim sobre a maneira pela qual o stalinismo entrou na mente e nas emoções das pessoas, afetando todos os valores e relacionamentos" (Figes, 2010, p. 27).

Note as palavras *povo* e *pessoas*, utilizadas pelo autor nas citações apresentadas. Obviamente, nenhum historiador teria capacidade de compreender como o povo soviético, em sua totalidade, foi afetado pela política de seus governantes. *Povo* é meramente uma ilustração e sinônimo de *pessoas comuns*. Logo, essas pessoas pertencem ao período histórico em questão e têm algo a dizer sobre ele, sendo as entrevistas (mas não apenas elas), seguidas das análises das recorrências das narrativas, o meio prático de responder à problemática.

(5.3)
TÉCNICAS DE ENTREVISTA E COLETA DE TESTEMUNHOS

A entrevista deve ser compreendida como o ato intermediário na metodologia da história oral. Em primeiro lugar, fazer entrevistas não pode ser encarado como um fim em si mesmo. Como sabemos, jornalistas também fazem entrevistas e nem por isso são historiadores. Em segundo lugar, esperamos que você tenha compreendido a complexidade do que é fazer história oral. Como pesquisador, o ato inicial é pensar em seu projeto e em sua problemática.

Por exemplo: Você gostaria de trabalhar com a memória de descendentes de escravizados? Por quê? Quais seriam seus objetivos? Com quais pontos da memória coletiva você trabalharia? Em suma, voltamos à questão: Qual grupo social você pretende pesquisar? Se você não tiver isso claro, sua pesquisa não terá condições metodológicas de sair do papel.

Como princípio norteador, tenha em mente que a história oral é fruto da intersecção dos estudos sociológicos, psicológicos, antropológicos e históricos. Noções como *lapsos, ato falho* e *repressão* têm origem nos estudos da psicologia. A etnografia é um método associado aos antropólogos. A memória coletiva, como vimos, pertence aos estudos dos sociólogos. Por fim, a metodologia de análise de fontes advém da história.

Figura 5.1 – Diferentes influências na história oral

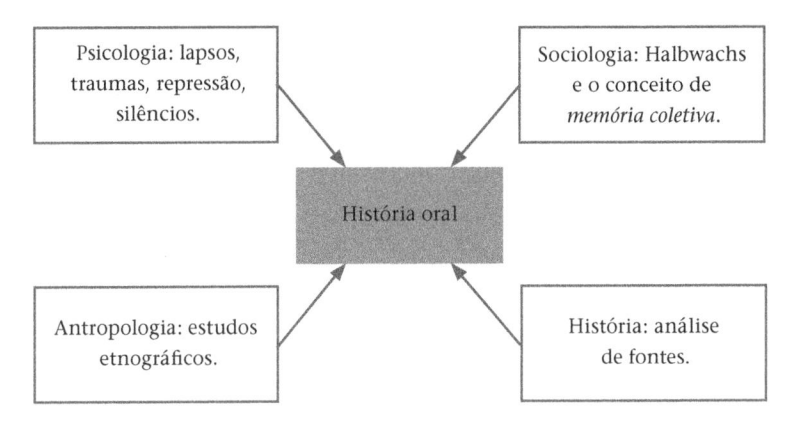

```
┌─────────────────────┐                    ┌─────────────────────┐
│ Psicologia: lapsos, │                    │ Sociologia: Halbwachs│
│ traumas, repressão, │                    │    e o conceito de   │
│     silêncios.      │                    │  *memória coletiva*. │
└─────────────────────┘                    └─────────────────────┘
              ↘                          ↙
                    ┌──────────────┐
                    │ História oral │
                    └──────────────┘
              ↗                          ↖
┌─────────────────────┐                    ┌─────────────────────┐
│ Antropologia: estudos│                   │  História: análise  │
│    etnográficos.    │                    │      de fontes.     │
└─────────────────────┘                    └─────────────────────┘
```

Há três conceitos centrais nesse ponto de seu projeto: *comunidade de destino, colônia* e *redes*. Em parte, a **comunidade de destino** remete ao conceito de *identidade,* pois constrói uma ligação afetiva entre pessoas que poderiam aparecer, numa leitura apressada, como indivíduos isolados. Se você não tiver em mente qual é a comunidade de destino que pretende entrevistar, sua pesquisa dificilmente sairá do campo das idealizações.

Bosi (2010, p. 38) indica o seguinte sobre sua pesquisa: "O presente estudo sobre a memória se edificou naturalmente e sem nenhum mérito de minha parte sobre uma comunidade de destino – o envelhecimento – de que participamos, sujeito e objeto da pesquisa".

Segundo Meihy e Holanda (2010, p. 51), o termo *comunidade de destino* pode ser compreendido de dois modos:

A primeira é de base material e a segunda de fundamento psicológico, de gênero ou de orientação (política, cultural ou sexual). No primeiro caso, elementos de efeitos físicos dizem respeito a situações que vinculam pessoas, clãs e grupos expostos a circunstâncias que dão unidade traumática ao destino de pessoas: calamidades, terremotos, pestes, flagelos, marcam a vivência coletiva de um grupo em um lugar físico e cultural. Outra experiência, esta de base psicológica, diz respeito às experiências de cunho moral: pessoas afetadas por dramas subjetivos ou não naturais como violência, abusos, arbitrariedades, discriminação.

Esse é o seu primeiro passo: construir sua comunidade de destino e a problemática relacionada a ela.

A **colônia**, por sua vez, é uma subdivisão da comunidade de destino, similar à destilação de um líquido. Se você determinou o grupo que será estudado, pense em como ele pode se dividir. O exemplo mais clássico, apontado por Meihy e Holanda (2010), é a divisão de gênero: homens e mulheres podem ter compreensões e vivências diferentes de um mesmo acontecimento.

Por fim, ao definir as **redes**, subdivisões da colônia, você vai pormenorizar ainda mais seu projeto, a depender de suas intenções.

Figura 5.2 – Conceitos centrais em história oral

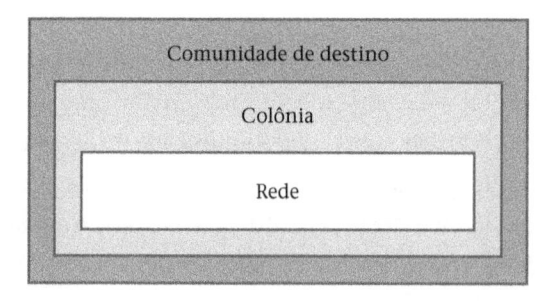

Comunidade de destino
Colônia
Rede

Tendo finalizado a definição do grupo social que será estudado, é preciso partir novamente para a problemática. O que você gostaria de estudar nesse grupo social? Qual é o período histórico? Qual é sua pergunta-problema? Cabe relembrar que toda entrevista em história oral tem uma intenção, que deve estar conectada com a problemática inicial. Encerrado esse processo, você terá um dos trabalhos mais árduos: encontrar sua fonte. Pode parecer simples, mas não é. Encontrar alguém com mais de 70 anos em redes sociais não é algo muito tranquilo. Há um trabalho de investigação que, a depender de sua pesquisa, poderá tomar um tempo razoável. De qualquer forma, para facilitar o entendimento, vamos partir do pressuposto de que você já tem uma comunidade de destino formada – pelo menos dez pessoas estão dispostas a serem entrevistadas e você iniciará então o trabalho de coleta. Quais serão os passos seguintes para iniciar sua pesquisa?

- Permita que o entrevistado escolha livremente o local, a data e o horário da entrevista. Isso é importante, pois muitas pessoas, ao serem entrevistadas sobre questões que podem ser dolorosas ou incômodas, podem preferir a segurança do domicílio. O local de uma entrevista em história oral pode até mesmo determinar o fracasso ou não da pesquisa, por isso leve essa questão a sério.
- Não faça perguntas que possam contribuir para a conclusão do entrevistador, ou seja, perguntas que apenas confirmariam seus objetivos. Isso é conhecido como *indução* e impede que a entrevista seja levada a sério no mundo acadêmico. Há uma diferença muito bem definida entre induzir e estimular o entrevistado. Estimular é aceitável e visto como uma maneira de o entrevistado recordar alguns pontos que ficariam nebulosos sem essa ajuda.
- Elabore um roteiro com as perguntas essenciais a serem feitas para as fontes. Evite ao máximo fugir desse roteiro – mesmo sendo impossível que, no momento da entrevista, não venha à sua mente algo novo a questionar. É perfeitamente normal fazer uma pergunta que não estava em seus planos. O problema será

fazer uma entrevista de 40 minutos, por exemplo, sem levar nada pronto.
- Deixe seu entrevistado expor todo o seu pensamento, evitando constantes interrupções.
- Demonstre empatia. É bastante contraindicado apontar erros na narrativa do entrevistado. Lembre-se do exemplo do livro *Memórias do cativeiro*: os historiadores sabem que o 13 de maio de 1888 não foi uma dádiva da Princesa Isabel, mas nem por isso as pesquisadoras interromperam as entrevistas e as deram por encerrado. Seu trabalho é de coleta e análise, não de inquisidor.
- Leve sempre dois gravadores de voz. Como sabemos, bem quando precisamos, esses objetos têm uma tendência a apresentar algum problema.
- Toda entrevista feita pelo pesquisador precisa da autorização do entrevistado. Essa carta de autorização deve ser inequívoca, evitando termos ambíguos ou jurídicos.

Com as entrevistas finalizadas, será a vez da transcrição – de longe, o trabalho mais monótono dessa metodologia. Não há um modo único de transcrever uma entrevista e caberá a você decidir se ela será literal, incluindo erros de português e vícios de linguagem do entrevistado, ou se passará por um processo de eliminação desses traços, sem alterar o sentido de uma frase sequer. Aliás, alguns autores usam o conceito de *transcriação* para enfatizar os limites e as transformações que existem quando a palavra oral é transcrita. O princípio da transcriação afirma que: "É impossível do etéreo, do verbo, se passar à materialização da escrita com fidelidade absoluta como se uma coisa fosse outra. Admitir isso, aliás, seria temeridade, visto que sons, entonação, cacoetes, modulações, não se registram sem alterações" (Meihy; Holanda, 2010, p. 135).

Com as entrevistas transcritas, você terá dois caminhos: **análise das entrevistas** e **banco de dados**. No primeiro caso, o historiador constrói a fonte oral e, assim como outros pesquisadores citados neste capítulo, articula a memória coletiva de um grupo com as possíveis recorrências e contexto histórico da época e da atualidade. No segundo, as entrevistas transcritas são destinadas a um banco de dados, onde futuramente algum pesquisador poderá consultá-las para os objetivos de seu interesse. Tradicionalmente, o primeiro caso é recomendado para quem quer fazer história oral na academia, pois, ao apresentar os resultados de sua pesquisa, apenas a transcrição de uma entrevista não pode se sustentar na análise de um trabalho de conclusão de curso, por exemplo.

Lembre-se: toda entrevista precisa da autorização do entrevistado. Essa autorização pode ter várias formas e não há um modelo definido de como deve ser. Evite replicar um modelo, pois ele pode não ser suficiente para a sua pesquisa. Busque sempre o auxílio de um professor-pesquisador e de um advogado.

> **Exemplo**
>
> (Local, data)
>
> Destinatário,
>
> Eu, (nome, estado civil, documento de identidade), declaro para os devidos fins que cedo os direitos de minha entrevista, transcrita e autorizada para leitura (data(s)) para (entidade e pessoas) usá-la integralmente ou em partes, sem restrições de prazos e citações, desde a presente data. Da mesma forma, autorizo o uso de terceiros a ouvi-las e usar citações, ficando vinculado o controle à (instituição), que tem a guarda da mesma.
> Abdicando direitos meus e de meus descendentes, subscrevo a presente, que terá minha firma reconhecida em cartório.
>
> (nome e assinatura do colaborador).

Fonte: Meihy; Holanda, 2010, p. 149.

Por fim, entendemos ser importante fazer uma advertência. Em nossa abordagem, destacamos os riscos que a história oral apresenta. Mas qual é o principal risco que você terá pela frente caso queira utilizar esse método? Para alguns autores, é a nostalgia que o passado nos causa – em todos nós. O passado quase sempre parece mais brilhante quando é observado a distância. Como pesquisador, tenha o cuidado de não sucumbir a uma nostalgia que só existe na mente dos entrevistados.

Síntese

Neste capítulo, apontamos que a história oral é uma metodologia interdisciplinar, a qual foi influenciada pela sociologia, pela psicologia, pela antropologia e, obviamente, pela história. Da sociologia ela retirou o conceito de *memória coletiva*; da psicologia, a relação entre entrevistado e entrevistador, com as possíveis repressões e lapsos de memória; da antropologia, a etnografia e seu repertório de análise de oralidades; da história, a mudança de paradigma que houve com a noção de *fonte*. Esclarecemos também a importância que os conceitos de *identidade* e *comunidade de destino* têm para o pesquisador. Por fim, analisamos as principais estratégias para a construção de um projeto e sua aplicação.

Indicações culturais

Livros

HALBWACHS, M. **A memória coletiva**. São Paulo: Centauro, 2017.

> Maurice Halbwachs, como vimos neste capítulo, foi um sociólogo francês que cunhou o conceito de *memória coletiva*. Por inúmeras razões, ele é leitura obrigatória para quem pretende iniciar sua trajetória em história oral. O livro tem quatro capítulos e o principal é o primeiro, intitulado "Memória individual e memória coletiva".

PERROT, M. **Os excluídos da história**. São Paulo: Paz e Terra, 2010.

> Considerado um clássico da historiografia francesa, *Os excluídos da história* dá ênfase aos personagens que tradicionalmente não aparecem em materiais didáticos ou nos livros de história *best-sellers*. O livro é dividido em três unidades, cada uma dedicada a um grupo de excluídos: operários, mulheres e, por fim, prisioneiros. Dada a importância que a história dos "de baixo" tem para a história oral, esse livro pode apresentar ideias para um projeto de pesquisa.

PINSKY, C. B.; LUCA, T. R. de. **O historiador e suas fontes**.
São Paulo: Contexto, 2015.

Nesse livro, há doze artigos em que são analisadas as principais fontes historiográficas, enfatizando-se aquelas que fazem parte da história do cotidiano, como cartas, diários, processos criminais e registros paroquiais.

Atividades de autoavaliação

1. Aristóteles e Hobsbawm viveram em épocas e temporalidades muito diferentes. Ainda assim, ambos apontam que cabe ao historiador:
   a) descrever eventos que ocorreram de fato em contraste com a ficção, que retrataria eventos que não ocorreram.
   b) identificar as contradições da sociedade e produzir as próprias fontes, como é proposto pela história oral.
   c) refletir sobre a luta de classes e a possibilidade de mudanças sociais que podem dar mais oportunidades aos pobres.
   d) compreender que a história nunca seria uma disciplina voltada a eventos reais, pois ela é uma narrativa similar à ficcional.
   e) buscar a neutralidade na compreensão de um evento.

2. Halbwachs foi um sociólogo francês de grande importância para os estudos de história oral, pois cunhou o conceito de:
   a) luta de classes.

b) virtude e fortuna.
c) memória coletiva.
d) desencantamento do mundo.
e) modernidade líquida.

3. A história oral é herdeira de outras áreas que se combinaram numa única metodologia de pesquisa. São campos do conhecimento associados à história oral:
   a) matemática, psicologia e antropologia.
   b) sociologia, antropologia e psicologia.
   c) história, física e direito.
   d) direito, antropologia e matemática.
   e) artes, química e antropologia.

4. Ao se iniciar um projeto de pesquisa, deve-se ter em mente três conceitos essenciais da história oral. São eles:
   a) comunidade de destino, história dos "de baixo" e luta de classes.
   b) comunidade de destino, colônia e redes.
   c) neutralidade, comunidade e identidade.
   d) identidade, natureza e memória.
   e) neutralidade, comunidade de destino e natureza.

5. A história oral é uma metodologia que, como qualquer outra, apresenta passos que devem ser seguidos. Em ordem cronológica, eles são:
   a) entrevista, problemática e transcrição.
   b) transcrição, entrevista e banco de dados.
   c) problemática, entrevista e transcrição.
   d) análise de entrevistas, transcrição e problemática.
   e) banco de dados, entrevista e transcrição.

Atividades de aprendizagem

Questões para reflexão

1. Qual comunidade de destino, colônia e rede você consideraria em um projeto de pesquisa de sua autoria?

2. Do ponto de vista epistemológico, qual é a principal diferença entre a história positivista e a história oral como metodologia?

3. Quais são os principais riscos com que o pesquisador se deparará ao construir uma pesquisa utilizando os métodos da história oral?

Atividade aplicada: prática

1. Construa um mapa conceitual sobre a metodologia da história oral em que você apresente os seguintes conceitos: *história oral, memória coletiva, etnografia, entrevista, antropologia* e *comunidade de destino.*

Capítulo 6
Softwares especializados
para tratamento de
documentação seriada
em história

Ricardo Selke

Do ponto de vista acadêmico, o uso da estatística, dos gráficos e do banco de dados caiu em desuso no ensino de História, chegando ao ponto de não constar mais na grade de disciplinas obrigatórias de alguns cursos. Não abordaremos aqui os motivos dessa mudança epistemológica ou cairemos num juízo de valor, apontando que a história quantitativa é apropriada ou superior a todas as outras, por exemplo. Nosso objetivo é analisar como o pesquisador pode se valer de dados e perspectivas quantitativas para iniciar seu trabalho. Além disso, indicaremos alguns *sites* que podem ser úteis para esse debate.

(6.1)
Exemplos de bancos de dados

Quem já deu aula na educação básica entende que, ao apresentar o tema da escravidão africana no Brasil, do século XVI ao XIX, um dos objetivos elementares estabelecidos no próprio planejamento escolar é que o aluno entenda o conceito de *escravidão*, diferenciando-o da servidão e de outras formas de exploração. Isso pode parecer banal ou meramente pleonástico, mas trata-se do entendimento do conceito que fundamenta a compreensão do período histórico, estabelecendo-se uma relação com o que se passou com os povos africanos (Reino de Benin, Daomé etc.) que habitavam especialmente o que se chamou de África Atlântica. Em outras palavras, o debate inicial é conceitual.

Na sequência do trabalho com esse conteúdo em sala de aula, o professor pode pedir aos alunos que interpretem poemas de Castro Alves (1847-1871) ou analisem obras de Debret (1768-1848) e Rugendas (1802-1858). Contudo, raramente a escravidão é apresentada em números e, quando isso é feito, os números aparecem como coadjuvantes na história, meramente ilustrativos. Há vários motivos para isso. Dada a dimensão deles, sem uma análise que os torne inteligíveis, os números podem muito bem não ter um significado real para a aprendizagem e a compreensão do tema. Assim, saber que milhões de pessoas morreram no Holocausto ou que outros milhões foram escravizados ao longo de quatro séculos não possibilita, em si, a compreensão do fato histórico. No entanto, sem a dimensão quantitativa, esses dois exemplos perdem sua proporção de tragédia.

E não apenas isso. A dimensão quantitativa permite analisar dados que humanizam uma condição histórica marcada pela desumanização. *Humanizar* significa conhecer a realidade de milhões de pessoas, retratando-se a tragédia de modo elas não sejam vistas como mercadoria e que o escravizado na estatística vire o homem, a mulher, a criança, em suma, a pessoa.

Figura 6.1 – Concepção artística do navio negreiro

RUGENDAS, Johann Moritz. **Navio negreiro.** 1830. Litogravura: 35,5 × 51,3 cm.
Museu Itaú Cultural, São Paulo.

O conceito de *escravo* revela um pouco da condição de exploração em que essas pessoas viviam, mas não informa nada sobre algumas questões essenciais acerca do tema:

- Qual era a proporção de gênero entre os escravizados? Qual era a idade deles?
- Qual era o tamanho dos navios negreiros?
- Em que século as viagens dos navios negreiros atingiram o auge?
- Qual era o preço de um escravizado? Esse preço variava?
- Os escravizados tinham algum nome, mesmo que esse nome tenha sido dado pelo europeu?

O *site* Slave Voyages[1] é o melhor banco de dados sobre escravidão e uma fonte rica de informações para o historiador interessado no tema. Estudos mais recentes sobre a escravidão no Brasil evidenciam a importância desse banco de dados – por exemplo, o pesquisador Luiz Felipe de Alencastro, especialista no tema abordado, vê no Slave Voyages (também chamado de Trans-Atlantic Slave Trade Database – TSTD) uma fonte confiável de dados sobre o período, mesmo indicando que alguns números podem estar superestimados ou alterados por fraudes típicas de um comércio que operou ilegalmente por anos. Para Alencastro (2018, p. 59),

> Os números do Database têm uma reconhecida precisão. A razão é simples. Empreitado por governos e companhias mercantis, o comércio transatlântico de africanos deixou numerosos registros navais, portuários, fiscais e contábeis. No período do tráfico clandestino brasileiro (1831-56), informações de cônsules e espiões ingleses [...], agregados às CPIS sobre o tráfico instauradas pelo Parlamento britânico nos anos 1840, forneceram

---

1   SLAVE VOYAGES. Disponível em: <https://www.slavevoyages.org/>. Acesso em: 8 maio 2020.

um quadro bastante completo desse contrabando que gerou fortunas no Brasil e em Portugal. Graças ao trabalho acumulado por gerações de especialistas, tais dados puderam ser cotejados e apresentados nos quadros interativos do site do TSTD.

Com os dados, Alencastro conseguiu estabelecer os principais portos e regiões africanas que abasteceram o mercado brasileiro (Baía de Benim, Golfo de Biafra e Angola), o número aproximado de africanos que chegaram ao Brasil (4,8 milhões) e a quantidade de viagens feitas pelos navios negreiros (14.910 ao todo). Sua pesquisa não dependeu inteiramente do TSTD, mas, como referência, o *site* baliza as expectativas e as possibilidades reais de o dado estar correto. Esses dados estão abertos a todos e são gratuitos.

Digamos que você, leitor, queira saber o número de africanos que chegaram ao Brasil em períodos com intervalos de 25 anos entre si, de 1501 a 1866. Observe a imagem a seguir.

Figura 6.2 – Viagens de escravizados em números

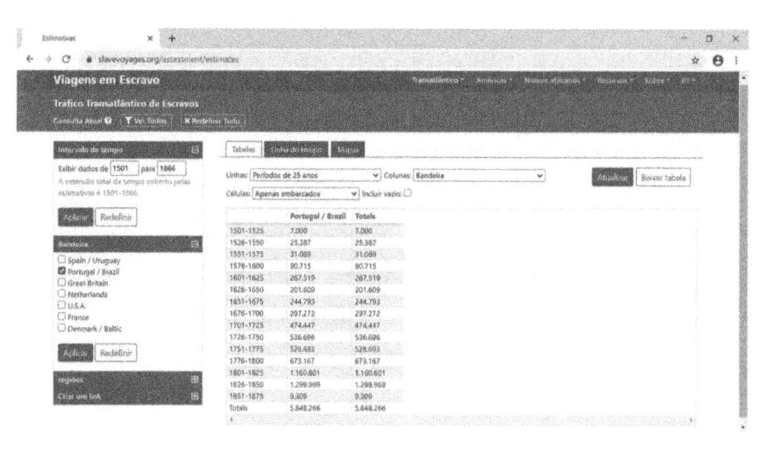

"Trans-Atlantic Slave Trade – Database," Slave Voyages, 2019, https://www.slavevoyages.org/voyage/database (acessado em 21 de maio de 2020).

Acessando o *link* do Slave Voyages[2], você pode consultar todos esses dados. No campo *Linhas*, localizado na aba *Tabelas*, é possível alterar o período (de 25 anos para 50 ou 100 anos). Em *Células*, você pode selecionar embarcados ou desembarcados (há uma discrepância entre essas categorias, em razão da alta taxa de mortalidade). Em *Colunas*, é possível conferir a bandeira ou a região dos navios. Esses dados podem ser visualizados uma linha do tempo: basta clicar na aba ao lado com o mesmo nome ou no mapa. Observe as imagens a seguir.

Figura 6.3 – Número de cativos embarcados e desembarcados por ano

"Trans-Atlantic Slave Trade – Database," Slave Voyages, 2019, https://www.slavevoyages.org/voyage/database (acessado em 21 de maio de 2020).

---

2 SLAVE VOYAGES. **Tráfico Transatlântico de Escravos**. Disponível em: <https://www.slavevoyages.org/assessment/estimates>. Acesso em: 12 maio 2020.

Figura 6.4 – Mapa dos embarques e desembarques de africanos escravizados

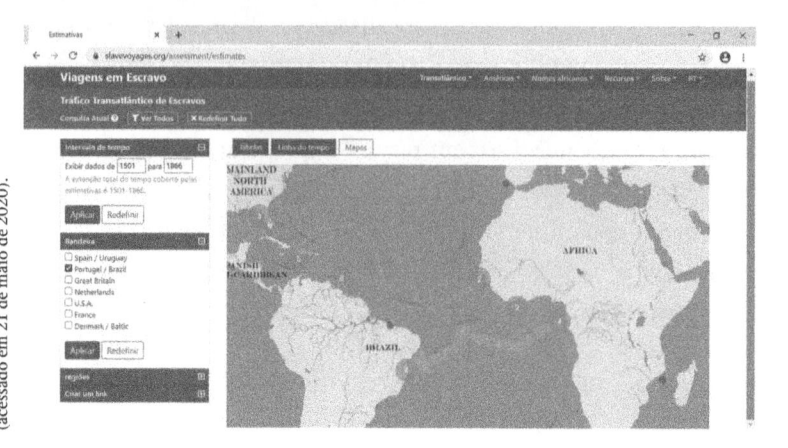

"Trans-Atlantic Slave Trade – Database," Slave Voyages, 2019, https://www.slavevoyages.org/voyage/database (acessado em 21 de maio de 2020).

Há diversos outros fatores que podem ser pesquisados no *site*: o nome das pessoas escravizadas, o local de origem, o nome da embarcação, o nome do capitão etc. Existem também numerosas imagens e mapas que podem ser acessados. Dada a imensidão de dados, tudo dependerá dos objetivos de sua pesquisa. Se ela tiver relação com o tema abordado, o *site* será de grande valia.

O estudo dos preços (pessoas escravizadas, terras ou qualquer mercadoria) tradicionalmente depende de um estudo quantitativo mais detalhado. Digamos que sua pesquisa seja sobre os africanos no Brasil. Como você construiria uma base de dados sobre esse tema? Quais seriam as fontes? Quais variáveis poderiam ser consideradas para retratarmos a situação?

Os pesquisadores Renato Leite Marcondes e José Flávio Motta (2001), ao analisarem duas fontes (a *Lista de classificação dos escravos para serem libertados pelo Fundo de Emancipação* e os livros notariais), chegaram à conclusão de que os homens eram mais caros que as mulheres, desde que comparados pela mesma faixa etária. A única exceção dependia de uma variável: a profissão. Na lavoura (variável do tipo de trabalho), os preços dos escravizados eram iguais, o que indica que homens e mulheres eram vistos como capazes de trabalhar a mesma quantidade de horas e de desempenhar a mesma função. A faixa etária que era mais comercializada (compra e venda), entre 1872 e 1874, estava entre 15 e 39 anos. De acordo com a condição da economia, os preços dos escravizados sofriam uma flutuação. Com o auxílio das fontes mencionadas, os autores montaram uma tabela de preços para ilustrar o conteúdo relacionado.

Tabela 6.1 – Número absoluto e preço médio de escravos homens e de escravas, segundo faixas etárias

Sexo/ Faixas etárias	Escrituras de compra e venda Guaratinguetá e Silveiras, 1872/74		Lista de classificação Cruzeiro e Lorena, 1874	
	Número	Preço médio (réis)	Número	Preço médio (réis)
Homens menores de 10	3	733$333	–	–
10 a 14	14	1:146$429	124	1:516$935
15 a 39	33	1:635$909	542	1:758$118
40 a 59	6	1:300$000	320	1:291$407
60 ou mais	1	100$000	18	450$000
Total	57	1:405$877	1.004	1:556$126
Mulheres menores de 10	2	475$000	–	–
10 a 14	8	784$375	77	1:383$117
15 a 39	29	1:025$173	494	1:426$923
40 a 59	2	400$000	164	920$731
60 ou mais	–	–	10	375$000
Total	41	920$854	745	1:296$845

Fonte: Marcondes; Motta, 2001, p. 503.

De acordo com os autores, os preços podem estar superestimados. Isso é comum na análise de preços – especialmente em se tratando do século XIX no contexto brasileiro. Não existe a pretensão de que essa avaliação seja 100% acurada; o objetivo é apenas apontar um norte. Caso você entenda ser necessário o uso de uma pesquisa de preços, leve em consideração que a documentação será de difícil acesso em muitos casos (uma vez que nem todos os africanos escravizados tinham um preço documentado em cartório). Além disso, é comum que a tabela não reflita necessariamente o preço real da época. Isso se deve à simplificação que a média representa e, como observado anteriormente, à dificuldade de encontrar fontes sobre o tema.

Do ponto de vista metodológico, os desafios são outros. Angelo Alves Carrara (2008, p. 168) estabelece algumas regras que são elementares na análise e na construção de tabelas por parte dos historiadores (e dos economicistas):

> *Tendo em vista os diferentes propósitos a que as séries de preços podem atender, deve-se, antes de tudo, concordar com Herbert Klein e Stanley Engerman: não há um único método de história de preços adequado a todas as questões. Há, contudo, alguns procedimentos que se mantêm como obrigatórios para todos que se lançam na tarefa de construir séries de preços, isto é, os procedimentos estabelecidos e adotados pelos integrantes originais do ISCPH, em 1930. É por esta razão que quase todos os trabalhos sobre o tema adotam como parâmetro a metodologia descrita por William Beveridge na introdução da sua obra. Apesar de não haver concordância plena quanto a vários dos preceitos postos em prática por cada autor, a solidez de suas obras tem sido medida por meio ao menos dos seguintes critérios:*
>
> *I) as séries devem ser construídas a partir de uma mesma fonte;*
> *II) as mercadorias constantes da série devem ter a mesma qualidade;*

III) os preços devem referir-se a mercadorias registradas com a mesma medida;
IV) os preços devem ser expressos em moeda corrente da época;
V) o valor dos salários devem ser dados para trabalhos e atividades comparáveis. Séries que misturam dados de diferentes fontes, nas quais não há certeza quanto às mercadorias possuírem a mesma qualidade ou cujos registros são feitos em diferentes medidas, têm sido severamente criticadas e, consequentemente, rejeitadas.

Outro banco de dados de acesso público chama-se Family Search, voltado à catalogação de árvores genealógicas, com inúmeros dados de diversos países, inclusive do Brasil.

Por ser uma organização de cunho religioso, o Family Search dá ênfase a batismos, casamentos realizados e mortes, mas há informações seculares, especialmente dos Estados Unidos, como os censos realizados ao longo de vários anos, jornais de época e listas de imigrantes que chegaram aos seus portos. Para ter acesso ao *site*, é necessário fazer um breve cadastro. Referente ao nosso país, há cinco bancos de dados no *site*:

1. Batismos (1688-1935);
2. Cartões de imigração, Rio de Janeiro (1900-1965);
3. Casamentos (1730-1955);
4. Registro Civil, Rio de Janeiro (1829-2012);
5. Mortes (1750-1890).

Infelizmente, alguns dados só são acessíveis a membros, ou seja, àqueles que pagam uma assinatura para ter acesso. Outros são gratuitos, mas estão associados a questões que fogem do debate historiográfico, como a composição de DNA da população brasileira, como ocorre no *site* My Heritage[3].

No entanto, em termos de estatísticas disponíveis, nada se compara ao *site* do Instituto Brasileiro de Geografia e Estatística (IBGE). Do ponto de vista quantitativo, nenhum outro *site* ou banco de dados tem tantas informações sobre a realidade brasileira quanto ele. É fácil se perder, aliás, na imensidão de dados disponíveis – talvez isso explique a raridade com que o *site* é utilizado, de fato, por historiadores em seus trabalhos de conclusão de curso (TCCs), o que é uma pena.

O *site*, contudo, é intuitivo. A possibilidade de buscar palavras-chave ajuda também. Para quem tem interesse em trabalhar com o tema da imigração, há uma fartura de possibilidades, que vão da imigração japonesa no Brasil à migração de brasileiros entre as unidades da Federação.

Abrindo um parêntese no tema do capítulo, devemos observar que, notoriamente conhecido pelas suas estatísticas, o IBGE tem até mesmo histórias em quadrinhos (certamente mais lúdicas que planilhas com inúmeros dados) sobre essa questão, como no caso do mangá *O vento do Oriente: uma viagem através da imigração japonesa no Brasil*, de 2008. Ele está disponível gratuitamente na rede e pode ter grande valia na sala de aula por apresentar uma linguagem mais próxima de crianças e jovens.

Os estudos patrocinados pelo IBGE são fontes quantitativas ricas para o pesquisador. Ainda sobre o tema de imigração, há vários artigos que o abordam. O mais recente, de 2008, intitula-se *Resistência e integração: 100 anos de imigração japonesa no Brasil* e apresenta uma

---

3   MY HERITAGE. *Disponível em:* <https://www.myheritage.com.br/ethnicities/brazil/country-ethnicity-distribution>. Acesso em: 7 maio 2020.

variedade de dados que podem ajudar o pesquisador a compreender e contextualizar melhor sua abordagem.

Caso você esteja pesquisando sobre o racismo no Brasil, há várias possibilidades, tendo em vista as bibliografias disponíveis: Lilia Schwarcz, Thomas E. Skidmore e Emília Viotti da Costa. Essa última autora, em seu clássico *Da Monarquia à República*, aponta as contradições do que intitulamos *o mito da democracia racial* – a crença de que o Brasil, diferentemente de outros países (como os Estados Unidos), não discriminava por cor, mas por condição social. Para desconstruir esse discurso, ela utiliza dados do próprio Censo de 1950. Ao refletir sobre nosso país, ela afirma:

> *Qualquer um que soubesse ler e realizar simples operações aritméticas poderia ter verificado os dados do censo oficial de 1950, que revelavam de maneira irretorquível a precária situação dos negros no Brasil. Estas estatísticas, por exemplo, classificavam cerca de 60% da população total como tecnicamente branca, cerca de 25% como mulata e 11% como negra. Mas as estatísticas referentes ao atendimento escolar de nível primário revelam uma distribuição dramaticamente diversa. Apenas 10% dos alunos eram mulatos e somente 4%, negros. [...] Somente 4% dos estudantes das escolas secundárias eram mulatos e menos de 1% eram negros. Nas universidades, apenas 2% eram mulatos, e somente cerca de um quarto de 1% eram negros.* (Costa, 1998, p. 368-369)

Considerando o aspecto prático, você pode questionar: Onde esses dados atualizados estão disponíveis e como fazer para acessá-los? Para facilitar a compreensão, vamos indicar um passo a passo. Buscamos ser bastante didáticos para apontar a facilidade de acesso da riqueza de dados disponíveis em um *site* que, como mencionado, raramente é utilizado por universitários. No caso, vamos analisar a síntese de alguns dados da Pesquisa Nacional por Amostra de Domicílios (PNAD), disponibilizados pelo IBGE (2014).

Tabela 6.2 – Proporção de pessoas de 13 a 16 anos de idade que frequentam ensino fundamental com distorção idade-série, segundo as Grandes Regiões e algumas características selecionadas – 2004/2013

Grandes Regiões e algumas características selecionadas	Proporção de pessoas de 13 a 16 anos de idade que frequentam ensino fundamental com distorção idade-série (1)	
	2004	2013
Brasil	47,1	41,4
Norte	63,4	55,2
Nordeste	64,5	52,2
Sudeste	31,3	31,5
Sul	35,1	34,4
Centro-Oeste	42,4	34,6
Situação do domicílio		
Urbana	41,8	38,3
Rural	65,9	53,9
Sexo		
Homem	52,7	47,3
Mulher	40,7	34,5
Cor ou raça (2)		
Branca	34,5	30,9
Preta ou parda	56,8	47,7

(continua)

(Tabela 6.2 – conclusão)

Grandes Regiões e algumas características selecionadas	Proporção de pessoas de 13 a 16 anos de idade que frequentam ensino fundamental com distorção idade-série (1)	
	2004	2013
Quintos de rendimento mensal familiar *per capita* nacional		
1° quinto	67,8	54,0
2° quinto	52,9	45,5
3° quinto	39,8	34,8
4° quinto	28,3	24,5
5° quinto	16,9	16,2
Rede de ensino		
Pública	50,6	44,4
Privada	14,5	14,7

(1) A proporção de estudantes de 13 a 16 anos de idade com distorção idade-série foi calculada dividindo-se o total de estudantes que frequentavam ensino fundamental regular com idade dois anos ou mais acima da adequada para a série/ano que frequentavam pelo total de estudantes dessa faixa etária.
(2) Exclusive as pessoas de cor ou raça amarela e indígena.

Fonte: IBGE, 2014.

Tabela 6.3 - Média de anos de estudo das pessoas de 25 anos ou mais de idade, segundo as Grandes Regiões e algumas características selecionadas - 2004-2013

Grandes Regiões e algumas características selecionadas	Média de anos de estudo das pessoas de 25 anos ou mais de idade	
	2004	2013
Brasil	6,4	7,7
Norte	5,8	7,1
Nordeste	4,9	6,4
Sudeste	7,1	8,4
Sul	6,8	8,0
Centro-Oeste	6,6	8,1
Situação do domicílio		
Urbana	7,0	8,2
Rural	3,2	4,4
Sexo		
Homem	6,3	7,5
Mulher	6,5	7,9
Cor ou raça (1)		
Branca	7,3	8,6
Preta ou parda	5,2	6,8
Grupos de idade		
25 a 64 anos	6,8	8,3
65 anos ou mais	3,3	4,2

(continua)

(Tabela 6.3 – conclusão)

Grandes Regiões e algumas características selecionadas	Média de anos de estudo das pessoas de 25 anos ou mais de idade	
	2004	2013
Quintos de rendimento mensal familiar *per capita* nacional		
1° quinto	3,7	5,4
2° quinto	4,4	6,1
3° quinto	4,9	6,3
4° quinto	6,5	7,8
5° quinto	9,8	10,7

(1) Exclusive as pessoas de cor ou raça amarela e indígena.

Fonte: IBGE, 2014.

Tabela 6.4 – Pessoas de 25 a 34 anos de idade, total e com ensino superior completo, total e respectiva proporção, por sexo e cor ou raça, segundo as Grandes Regiões – 2013

Grandes Regiões	Pessoas de 25 a 34 anos de idade						
	Total (1 000 pessoas)	Com ensino superior completo					
		Total (1 000 pessoas)	Proporção (%)				
			Total	Sexo		Cor ou raça (1)	
				Homens	Mulheres	Branca	Preta ou parda
Brasil	32 311	4 918	15,2	12,7	17,6	23,3	8,4
Norte	2 786	285	10,2	8,1	12,3	18,8	7,9
Nordeste	8 956	811	9,1	7,1	10,8	15,4	6,7
Sudeste	13 634	2 558	18,8	16,2	21,1	26,4	9,6
Sul	4 357	773	17,8	14,1	21,2	21,4	5,7
Centro--Oeste	2 578	491	19,0	16,1	21,8	28,0	13,1

(1) Exclusive as pessoas de cor ou raça amarela e indígena.

Fonte: IBGE, 2014.

Tabela 6.5 – Pessoas de 25 a 64 anos de idade, total e que frequentam escola, total e respectiva proporção, por sexo e cor ou raça, segundo as Grandes Regiões – 2013

Grandes Regiões	Pessoas de 25 a 64 anos de idade						
	Total (1 000 pessoas)	Que frequentam escola					
		Total (1 000 pessoas)	Proporção (%)				
			Total	Sexo		Cor ou raça (1)	
				Homens	Mulheres	Branca	Preta ou parda
Brasil	105 496	4 987	4,7	4,0	5,4	4,8	4,6
Norte	7 988	498	6,2	4,7	7,7	7,0	5,9
Nordeste	27 588	1 472	5,3	4,2	6,4	5,8	5,1
Sudeste	46 167	1 853	4,0	3,6	4,4	4,3	3,7
Sul	15 742	719	4,6	4,2	4,9	4,8	3,6
Centro-Oeste	8 011	445	5,6	4,6	6,5	5,7	5,4

(1) Exclusive as pessoas de cor ou raça amarela e indígena.

Fonte: IBGE, 2014.

Tabela 6.6 – Taxa de analfabetismo das pessoas de 15 anos ou mais de idade, segundo as Grandes Regiões e algumas características selecionadas – 2004/2013

Grandes Regiões e algumas características selecionadas	Taxa de analfabetismo das pessoas com 15 anos ou mais de idade	
	2004	2013
Brasil	11,5	8,5
Norte	13,0	9,5
Nordeste	22,4	16,9
Sudeste	6,6	4,8
Sul	6,3	4,6
Centro-Oeste	9,2	6,5
Situação do domicílio		
Urbana	8,7	6,4
Rural	25,8	20,8
Sexo		
Homem	11,7	8,8
Mulher	11,3	8,2
Cor ou raça (1)		
Branca	7,2	5,2
Preta ou parda	16,3	11,5
Grupos de idade		
15 a 19	2,4	1,0
20 a 24	4,0	1,6
25 a 34	6,6	3,2
35 a 44	9,6	6,3

(continua)

(Tabela 6.6 – conclusão)

Grandes Regiões e algumas características selecionadas	Taxa de analfabetismo das pessoas com 15 anos ou mais de idade	
	2004	2013
Grupos de idade		
45 a 54	14,0	9,3
55 a 64	23,5	14,8
65 ou mais	34,4	27,7
Quintos de rendimento mensal familiar *per capita*		
1º quinto	21,4	13,9
2º quinto	16,9	11,8
3º quinto	15,5	12,9
4º quinto	7,4	5,9
5º quinto	2,1	2,0

(1) Exclusive as pessoas de cor ou raça amarela e indígena.

Fonte: IBGE, 2014.

Lembre-se: nossa análise estará presa ao tema do racismo no Brasil e da condição social em que o negro se encontra na realidade cotidiana. Como ler esses números? O IBGE já os deixou didaticamente separados, sendo de fácil acesso. De quais dados podemos nos apropriar para formarmos um panorama da educação e sua divisão por cor? Observe a Tabela 6.2. Ela se refere à distorção (um nome burocrático para indicar as pessoas que reprovam de ano e estão numa série abaixo de sua própria idade) por região, por área (urbana ou rural), por raça ou etnia, por rendimento mensal familiar *per capita* nacional e por rede de ensino. Pelo aspecto da cor, 47,7% (quase 50%) das pessoas que estão numa série "errada" são negras. Esse mesmo índice vai para 30,9% nos autointitulados brancos. Na Tabela 6.3, referente à média de estudos das pessoas de 25 anos ou mais, os brancos alcançam 8,6 anos, ao passo que os negros atingem 6,8 anos. A Tabela 6.4 enfoca as pessoas de 25 a 34 anos de idade, total e com ensino superior completo. No Brasil, apenas 8,4% dos negros têm ensino superior. Esse mesmo índice vai para 23,3% no caso dos brancos – ou seja, os brancos têm quase três vezes mais acesso ao ensino superior, se comparados aos negros. A Tabela 6.5 apresenta um levantamento das pessoas de 25 a 64 anos de idade que frequentam a escola. Em todas as regiões do país, o índice é menor quando se trata de negros comparados com brancos. Por fim, a Tabela 6.6 se refere à taxa de analfabetismo das pessoas de 15 anos ou mais de idade, índice que entre os negros é mais do que o dobro se comparado com o dos brancos (5,2% contra 11,5%).

Todos esses índices de desigualdade apontam que ainda há uma clara distinção entre ser branco e ser negro no Brasil. Se fizermos uma comparação com a década de 1950, veremos que, em 65 anos, quase multiplicou por 34 o número de negros com ensino superior completo, que foi de 0,25% para 8,4% em 2013 (Tabela 6.4). Portanto, é óbvio que ocorreu uma alteração da condição do negro na sociedade brasileira para melhor; porém, é inegável que eles ainda estão numa condição muito diferente (para pior) da dos brancos – e isso está exposto em todas as tabelas, sem exceção.

(6.2)
O USO DE *SOFTWARES*: EXEMPLO DO SPSS

Comum aos estudos sociais, o uso de *softwares* de análise ainda é incipiente no campo historiográfico brasileiro atual. Usar ou não um método quantitativo não deve ser visto meramente como uma questão de escolha, pois depende dos objetivos e da metodologia considerados em determinado trabalho. Como sabemos, tudo depende da problemática: o que o pesquisador busca responder sobre o tema de estudo. Além disso, o uso de um *software* não deve ser encarado como uma prática que indica superioridade – empregar uma metodologia quantitativa não torna um trabalho melhor ou mais neutro.

Antes de demonstrarmos um modelo empírico de uso do SPSS (Statistical Package for the Social Sciences), precisamos retomar o que foi abordado no Capítulo 1 sobre métodos quantitativos. Será uma retomada breve, pois o objetivo deste capítulo tem um caráter mais prático do que teórico. Afinal, o que é o método quantitativo? Já demos vários exemplos aqui: a análise de preços, a quantificação de navios e nativos africanos e a compreensão da situação dos negros no Brasil valendo-se de dados objetivos disponíveis no IBGE.

O SPSS[4] tem uma aparência similar ao Excel, mas sua complexidade é notória no mundo acadêmico. Para ilustrarmos sua utilidade, vamos apresentar uma pesquisa que se valeu de algumas de suas funções, de um modo simples e introdutório. A pesquisa intitula-se *Exploração do trabalho infantil no município catarinense de São João Batista* (Selke, 2009). Como o próprio título do trabalho

---

4   O SPSS é um software *complexo, inclusive em sua versão gratuita, que dispõe de menos elementos e possibilidades, se comparada à versão paga. Antes de iniciar seu trabalho, busque uma bibliografia básica sobre os diferentes usos desse programa e observe se atendem à sua problemática.*

aponta, a pesquisa ficou restrita ao município catarinense de São João Batista, conhecido por ser um dos maiores polos calçadistas do Brasil.

Nesse local, nota-se que muitas crianças trabalham em casa (nos chamados *ateliês*), ajudando os pais na produção de sapatos. Em suma, estamos nos referindo a um trabalho doméstico, notoriamente associado a um período industrial do século XIX, mas que ainda está presente na realidade brasileira.

Um dos objetivos da pesquisa foi descobrir o perfil da criança que trabalha no polo. Para responder a essa questão, foram feitas várias entrevistas (todas anônimas, em respeito ao Estatuto da Criança e do Adolescente – ECA). Somado a isso, algumas crianças de uma escola municipal responderam a um questionário sobre o seu cotidiano, dados socioeconômicos e outras questões de origem.

Observe as constatações sobre o universo da pesquisa, pois serão de grande importância na compreensão dos dados:

> Logo, formulei um questionário que as crianças da Escola Municipal [...] iriam responder. O questionário trata da: idade, sexo, série, cor, se mora com os pais ou avós, qual a atividade dos pais, escolaridade dos pais, renda, quantos irmãos têm, se é filho mais velho, cidade natal, se gosta de ir à escola e atividade fora da escola.

> Todas essas questões foram postas para que depois fosse possível trabalhar com correlações e identificar qual é o perfil da criança trabalhadora em São João Batista. Creio que montando o perfil, a atividade de combate, e mesmo de política pública, ficarão mais fáceis.

Ao todo, 519 crianças, da 4ª até a 8ª série, responderam. 102 (19,6%) crianças afirmaram que trabalham em ateliês. 6 (0,8%) em fábricas de sapatos. 19 (3,6%) estão no PETI[5] (ou seja, estavam trabalhando, mas largaram para ganhar a bolsa) e 3 (0,5%) estão no PETI e, mesmo assim, trabalham em ateliês – o que é, obviamente, contra o objetivo do programa – 3 (0,5%) trabalham no SENAI (que dá aulas sobre a produção de sapatos) e outras 4 (0,7%) trabalham com os pais no comércio.

Somando, temos 137 (26,3%) crianças que afirmaram nos questionários que trabalham. Gostaria de lembrar ao leitor que vou trabalhar apenas com as crianças que trabalham nos ateliês (102 ao todo). (Selke, 2009, p. 30)

O uso do SPSS, em conexão com o objetivo de descobrir o perfil da criança trabalhadora, foi de extrema utilidade, pois, em sua função, ele consegue estabelecer relações entre as diferentes variáveis do questionário. Por exemplo, observe as tabelas a seguir. A Tabela 6.7 une a (1) quantidade de irmãos com (2) a quantidade de horas trabalhadas nos ateliês, tornando a análise mais complexa.

---

5   Programa de Erradicação do Trabalho Infantil (Peti), formulado como uma política pública para deter o trabalho infantil nos municípios brasileiros.

Tabela 6.7 – Horas trabalhadas

		Quantas horas você trabalha por dia?						Total
		1 a 2 horas	3 a 4 horas	5 a 8 horas	9 a 12 horas	não foi respondido	9 [horas]	
Quantos irmãos você tem?	nenhum	0	1	1	1	0	0	3
	um irmão	4	9	9	4	2	0	28
	dois irmãos	6	6	11	7	2	0	32
	três irmãos	4	2	4	1	1	0	12
	quatro irmãos	0	3	2	1	0	1	7
	cinco irmãos	1	3	3	0	1	0	8
	mais de 5 irmãos	3	2	2	0	0	0	7
Total		18	26	32	14	6	1	97

Fonte: Selke, 2009, p. 55.

Do ponto de vista da frequência, a maior parte das crianças da cidade tem dois irmãos (32 respostas). Estas trabalham, em sua maioria, de 5 a 8 horas nos ateliês. Porém, as crianças mais propensas (percentualmente) a trabalhar dentro desse mesmo período são as que têm mais de cinco irmãos. Analisemos a seguir a aceitação da escola das crianças que trabalham, relacionando ambas as variáveis.

Tabela 6.8 – Atividades fora da escola – Parte I

		O que você faz quando não está na escola?								Total
		trabalho no ateliê	trabalho na fábrica de sapatos	PETI	ateliê e PETI	trabalho como babá	trabalha na "oficina"	ajudo no comércio	SENAI	
Você gosta de ir para a escola?	sim	75	4	17	2	1	1	1	3	104
	não	26	2	2	1	0	0	1	0	32
	não respondeu	1	0	0	0	0	0	0	0	1
Total		102	6	19	3	1	1	2	3	137

Fonte: Selke, 2009, p. 48.

Tabela 6.9 – Atividades fora da escola – Parte II

		O que você faz quando não está na escola?				Total
		trabalho no ateliê	trabalho na fábrica de sapatos	ateliê e PETI	ajudo no comércio	
Você gosta do trabalho?	sim, ajuda na minha independência	27	1	1	1	30
	sim, é melhor do que ficar na rua	25	1	0	0	26
	sim, ajuda a minha família	32	0	1	0	33
	não, preferiria estudar apenas	3	0	0	0	3
	não, o trabalho é muito repetitivo	2	0	0	0	2
	não, o salário é muito baixo	5	0	1	0	6
	não foi respondido	1	0	0	0	1
Total		95	2	3	1	101

Fonte: Selke, 2009, p. 49.

Note que a maioria das crianças que trabalham nos ateliês (75 de 102 crianças) tem uma visão positiva da escola (Tabela 6.8). Assim, podemos observar que não é o desprezo pelos estudos e pelo ambiente escolar que motiva o trabalho infantil. Não há aqui uma relação causa-efeito nesse sentido. Indo além, deparamo-nos com as respostas dadas pelas crianças ao serem questionadas se gostavam do trabalho nos ateliês (Tabela 6.9).

Como é possível perceber, as crianças que trabalham nos ateliês, em sua maioria, têm uma visão positiva do próprio trabalho, pois acreditam, principalmente, estar ajudando a família. Em segundo lugar, há aquelas que estão buscando independência financeira e, em terceiro, as que associam seu trabalho com o lema do senso comum (muitas vezes utilizado pelos defensores do trabalho infantil) segundo o qual "é melhor trabalhar do que ficar na rua". Essa relação é impressionante, pois aponta que, mesmo as crianças conhecendo o perigo desse trabalho (muitas crianças trabalham com a cola, notoriamente conhecida pelo seu cheiro e toxinas) e mesmo gostando da escola, elas não compreendem que o trabalho a que são expostas pode prejudicar seu futuro.

O uso do SPSS permitiu analisar se há ou não uma diferença de percepção por sexo, considerando-se a variável "Você gosta do trabalho?" (Tabela 6.10).

Tabela 6.10 – Gosto pelo trabalho

		Você gosta do trabalho?							Total
		sim, ajuda na minha independência	sim, é melhor do que ficar na rua	sim, ajuda a minha família	não, preferiria estudar apenas	não, o trabalho é muito repetitivo	não, o salário é muito baixo	não foi respondido	
Qual é o seu sexo?	masculino	16	18	27	2	2	3	1	69
	feminino	14	8	6	1	0	3	0	32
Total		30	26	33	3	2	6	1	101

Fonte: Selke, 2009, p. 53.

Ambos os sexos encaram o trabalho infantil como algo positivo, mas há uma aceitação maior entre os indivíduos do sexo masculino. Contudo, essa aceitação deve ser contextualizada:

no questionário, as crianças podiam responder o que menos gostavam e o que mais gostavam do trabalho. Para minha surpresa, ao todo 46 responderam do que menos gostavam e 45 do que mais gostavam. Das que responderam o que menos gostam [...]: 22 afirmaram que é a utilização da cola, 3 do patrão, 1 de colocar a fivela, 6 de ficar em pé por muito tempo, 3 do serviço pesado, 2 do trabalho delicado [...]. (Selke, 2009, p. 60)

Por fim, uma das teses principais da pesquisa era a de que a criança que morava no município era inserida no trabalho infantil dentro do próprio domicílio (com a colaboração dos pais). Com o auxílio do *software*, foi possível descobrir se a tese fazia sentido ou não.

Tabela 6.11 – Atividades fora da escola – Parte III

		O que você faz quando não está na escola?								Total
		trabalho no ateliê	trabalho na fábrica de sapatos	PETI	ateliê e PETI	trabalho como babá	trabalha na "oficina"	ajudo no comércio	SENAI	
Qual é a atividade do seu pai?	trabalha na indústria calçadista (ateliê)	24	1	2	0	0	0	0	0	27
	trabalha na indústria calçadista (fábrica)	32	4	3	1	0	0	0	1	41
	comerciante	2	0	1	1	0	1	1	0	6
	empresário	2	0	0	0	0	0	1	0	3
	desempregado	2	0	1	0	0	0	0	0	3
	outro	17	0	1	1	1	0	0	2	22
	não moro com o meu pai	22	1	11	0	0	0	0	0	34
	não respondeu	1	0	0	0	0	0	0	0	1
Total		102	6	19	3	1	1	2	3	137

Fonte: Selke, 2009, p. 38.

Somando os pais que trabalham no ateliê mais os que trabalham em fábricas, vemos que 54,9% das crianças têm pais em funções associadas à produção de sapatos. Ter um pai desempregado tem pouquíssimo a ver com o trabalho infantil nesse caso. Isso é uma quebra de paradigma, pois não se trata de pobreza, mas de uma situação que se caracteriza por crianças que têm o pai e a mãe trabalhando na fabricação de uma mercadoria, ofício que se estende aos filhos.

Síntese

Neste capítulo, destacamos que a história não é apenas uma narração do passado, baseada em fontes esporádicas, ressaltando que ela está assentada na interpretação e na análise de dados concretos. Em alguns casos, esses dados já estão disponíveis na internet, em bancos de dados, como demonstramos no exemplo relativo à escravidão africana. Em outros, cabe ao pesquisador produzir o próprio banco de dados, utilizando os *softwares* disponíveis, como exemplificamos com a pesquisa sobre o trabalho infantil.

Indicações culturais

Livros

DIONEE, J.; LAVILLE, C. **A construção do saber**: manual de metodologia da pesquisa em ciências sociais. São Paulo: Artmed, 2007.

> Nesse livro, os autores se propõem a responder, de maneira didática, à seguinte questão: Como iniciar e construir uma pesquisa no campo das ciências humanas? No Capítulo 8, há uma discussão relacionada ao uso de *softwares* de estatística que podem ser úteis à sua pesquisa.

FIELD, A. **Descobrindo a estatística usando o SPSS**. São Paulo: Artmed, 2009.

Trata-se, possivelmente, do livro mais completo para compreender todas as funções e alcances do *software* SPSS (Statistical Package for the Social Sciences). Dividida em 16 capítulos, a obra versa sobre inúmeros temas: estatística, correlações, regressão e vários temas associados à pesquisa quantitativa.

Atividades de autoavaliação

1. Um dos pontos que podemos ressaltar para o uso de dados no ensino de História e de grande valia para o pesquisador é:
   a) com os dados quantitativos, temos um suporte a mais para compreendermos um processo histórico.
   b) com os dados, podemos chegar a uma realidade objetiva do que realmente aconteceu em determinado contexto.
   c) com os dados, temos uma visão neutra da história e de seus acontecimentos.
   d) com os dados, podemos nos afastar de qualquer forma de subjetividade e compreender a história como objetiva.
   e) com os dados, a narrativa histórica deixa de ser alvo de críticas por parte dos economicistas.

2. O tema do mito da democracia racial foi influenciado pela pesquisa quantitativa. Alguns historiadores, como Emília Viotti da Costa, perceberam nos dados quantitativos sobre a realidade do negro no Brasil que:

a) brancos e negros brasileiros tinham os mesmos direitos e deveres.
   b) os negros brasileiros estavam numa condição socioeconômica muito pior do que a dos brancos.
   c) não havia grande diferença entre ser branco e ser negro no Brasil.
   d) apenas as pessoas brancas tinham acesso a saúde e educação.
   e) os dados não eram conclusivos.

3. Entender a dinâmica dos preços durante o século XIX, em especial no caso brasileiro, pode ser um desafio razoável. Assinale a alternativa que indica os principais preceitos que devem ser levados em conta ao se produzir uma tabela de preços:
   a) Considerar a inflação da época e usar uma única fonte.
   b) Observar o valor do ouro e da prata no país.
   c) Utilizar uma única fonte e a moeda corrente da época.
   d) Relacionar o preço com a renda nacional do período.
   e) Apontar o custo de manutenção da mão de obra do período.

4. Tanto na análise de preços quanto na quantificação dos africanos no Brasil, há sempre o perigo de os dados estarem superestimados ou alterados por fraudes. Isso significa que:
   a) mesmo sendo um auxílio ao pesquisador, os dados não refletem por si sós uma realidade.
   b) os dados são neutros e sempre superiores ao dado qualitativo.
   c) o dado qualitativo não basta em uma pesquisa.

d) nenhum dado é confiável, o que torna a pesquisa desnecessária.
   e) todo pesquisador deve confiar apenas nos dados qualitativos.

5. O *site* Slave Voyage parte de questionamentos sobre o tamanho dos navios negreiros, o preço de um escravizado, a variação desse preço, entre outras perguntas. Esse trabalho tem como objetivo:
   a) agrupar os principais textos sobre a temática da escravidão.
   b) rastrear os descendentes de africanos no Brasil.
   c) criar um banco de dados sobre o processo de escravidão.
   d) criar genealogias dos africanos antes do processo de escravidão.
   e) agrupar os principais dados sociais da África contemporânea.

Atividades de aprendizagem

Questões para reflexão

1. Pense no problema histórico de sua pesquisa. Agora, aponte quais dados serão necessários para você conectar o problema definido à sua hipótese.

2. Já existe algum banco de dados disponível na internet que possa ajudar em sua pesquisa?

3. Quais são os riscos associados a uma pesquisa quantitativa?

Atividade aplicada: prática

1. Construa uma tabela de preços valendo-se da metodologia indicada neste capítulo. A mercadoria será de sua escolha.

Considerações finais

De acordo com Eric Hobsbawm, o papel do historiador é organizar *objets trouvés* (objetos encontrados), concentrando-se na busca pela evidência e pelos fatos verificáveis. Mas o que seriam esses objetos? Como historiadores, podemos responder com facilidade: são as fontes históricas.

Não há história propriamente dita sem alguma forma de fonte, mesmo que ela seja imaterial. O objetivo deste livro foi indicar as várias fontes que você, leitor, poderá ter em mãos ao iniciar sua pesquisa, apontando como podem ser trabalhadas e analisadas dentro de um campo prático.

Esperamos, além disso, que você nunca perca de vista o campo ético, que se refere à nossa responsabilidade: "Insistir na supremacia da evidência e na importância central da distinção entre fato histórico verificável e ficção é apenas uma das maneiras de exercer a responsabilidade do historiador" (Hobsbawm, 2011, p. 288).

Referências

ALEKSIÉVITCH, S. **As últimas testemunhas**: crianças na Segunda Guerra Mundial. São Paulo: Companhia das Letras, 2018.

ALENCASTRO, L. F. de. África, números do tráfico atlântico. In: GOMES, F.; SCHWARCZ, L. M. (Org.). **Dicionário da escravidão e liberdade**. São Paulo: Companhia das Letras, 2018. p. 57-63.

ANDRADE, M. C. J. de. Paleografia. In: SAMARA, E. de M. (Org.). **Paleografia, documentação e metodologia histórica**. São Paulo: CEDHAL Cursos e Eventos, 2010. (Nova Série, n. 5).

ARAÚJO, R. J. C. **As Normas Técnicas para Transcrição e Edição de Documentos Manuscritos e alguns fatos gráficos da história da escrita nelas normalizados**. Campina Grande: Universidade Estadual da Paraíba, 2013. Disponível em: <http://www.al.pb.leg.br/elegispb/wp-content/uploads/2013/08/TEXTO_DO_PROF._DR._ROBERTO_JORGE_CHAVES_ARAUJO1.pdfl>. Acesso em: 12 maio 2020.

ARISTÓTELES. **Poética**. São Paulo: Ed. 34, 2015.

BARROS, J. D. A história serial e história quantitativa no movimento dos Annales. **História Revista**, v. 17, n. 1, p. 203-222, jun./jul. 2012.

BELLOTTO, H. L. **Como fazer análise diplomática e análise tipológica de documento de arquivo**. São Paulo: Arquivo do Estado/Imprensa Oficial, 2002. (Projeto Como Fazer, v. 8).

BERWANGER, A. R.; LEAL, J. E. F. **Noções de paleografia e de diplomática**. 5. ed. Santa Maria: Ed. da UFSM, 2015.

BESSELAAR, J. van den. **Introdução aos estudos históricos**. São Paulo: Herder, 1970.

BEVILACQUA, G. M. F. **Bancos de dados e informatização de arquivos**: pressupostos teóricos e aplicações técnicas. 150 f. Dissertação (Mestrado em História) – Universidade de São Paulo, São Paulo, 2010.

BIBLIOTHECA UNIVERSALIS. Brasil: 500 anos. **A Carta de Pêro Vaz de Caminha**: texto original e leitura paleográfica. Disponível em: <http://purl.pt/162/1/brasil/obras/carta_pvcaminha/index.html>. Acesso em: 12 maio 2020a.

BIBLIOTHECA UNIVERSALIS. Brasil: 500 anos. **A Carta de Pêro Vaz de Caminha**: versão actualizada. Disponível em: <http://purl.pt/162/1/brasil/43_carta_ilustrada.html>. Acesso em: 12 maio 2020b.

BLOCH, M. **Apologia da história**. Rio de Janeiro: J. Zahar, 2010.

BLOCH, M. **Apologia da história, ou o ofício do historiador**. Rio de Janeiro: J. Zahar, 2002.

BOSCHI, C. Um fio de Ariadne. **Revista de História da Biblioteca Nacional**, Rio de Janeiro, v. 7, n. 80, p. 98, maio 2012.

BOSI, E. **Memória e sociedade**: lembranças de velhos. São Paulo: Companhia das Letras, 2010.

BOURDIEU, P. **A distinção**. Porto Alegre: Zouk, 2006.

BRASIL. Lei n. 8.159, de 8 de janeiro de 1991. **Diário Oficial da União**, Poder Legislativo, Brasília, DF, 9 jan. 1991. Disponível em: <http://www.planalto.gov.br/ccivil_03/LEIS/L8159.htm>. Acesso em: 5 maio 2020.

BRASIL. Ministério da Justiça. Arquivo Nacional. **Dicionário brasileiro de terminologia arquivística**. Rio de Janeiro, 2005. (Publicações Técnicas, n. 51).

BRASIL. Ministério da Justiça. Arquivo Nacional. **Gestão de documentos**: curso de capacitação para os integrantes do Sistema de Gestão de Documentos de Arquivo (SIGA), da Administração Pública federal. Rio de Janeiro, 2011.

BRAUDEL, F. História e sociologia. **Boletim do Centro de Estudos de História da Faculdade Nacional de Filosofia**, Rio de Janeiro, n. 6, 1961.

BRAUDEL, F. **Escritos sobre a história**. São Paulo: Perspectiva, 1969.

BRAUDEL, F. **O Mediterrâneo e o Mundo Mediterrânico**. São Paulo: M. Fontes, 1984. 2 v.

BURKE, P. **A escola dos Annales (1929-1989)**: a Revolução Francesa da historiografia. São Paulo: Unesp, 1997.

BURKE, P. **História e teoria social**. São Paulo: Unesp, 2002.

BURKE, P. **O que é história cultural?** Rio de Janeiro: J. Zahar, 2004.

BURKE, P. **O que é história do conhecimento?** São Paulo: Unesp, 2015.

CAMINHA, P. V. de. **Carta a el-rei D. Manuel sobre o achamento do Brasil**. 1º maio 1500.

CARRARA, A. A. Para uma história dos preços do período colonial: questões de método. **Revista de História**, Juiz de Fora, v. 14, n. 1, p. 163-194, 2008.

CERTEAU, M. de. A operação historiográfica. In: CERTEAU, M. de. **A escrita da história**. Rio de Janeiro: Forense Universitária, 1982. p. 65-119.

CHARTIER, R. **À beira da falésia**: a história entre incertezas e inquietudes. Porto Alegre: Ed. da UFRGS, 2002.

CHAUNU, P. **A história como ciência total**: a duração, o espaço e o homem na época Moderna. São Paulo: J. Zahar, 1976.

CHAUNU, P. **Seville et l'Atlantique (1504-1650)**. Paris: Librairie Arnand Colin, 1955-1960. Tomo I. (Ports-Routes-Trafics).

CONARQ – Conselho Nacional de Arquivos. **Nobrade**: Norma Brasileira de Descrição Arquivística. Rio de Janeiro: Arquivo Nacional, 2006.

CONARQ – Conselho Nacional de Arquivos. Portaria n. 56, de 10 de setembro de 2001. **Diário Oficial da União**, Brasília, DF, 17 set. 2001. Disponível em: <http://conarq.gov.br/images/ctnda/portaria_n_56.pdf>. Acesso em: 12 maio 2020.

COSTA, E. V. da. **Da Monarquia à República**: momentos decisivos. São Paulo: Unesp, 1998.

CUNHA, M. C. da. **Cultura com aspas**. São Paulo: Ubu, 2017.

DAHÁS, N. A barreira entre passado e presente. **Revista de História da Biblioteca Nacional**, Rio de Janeiro, v. 9, n. 105, p. 98, jun. 2014.

DILTHEY, W. **Introducción a las ciências del espíritu**. Buenos Aires: Espasa-Calpe, 1948. 2 v.

FAGUNDES, J. R. **Noções de paleografia**: uma breve introdução. 2011. Disponível em: <https://arquivosefonteshistoricas.files.wordpress.com/2011/05/noc3a7c3b5es-de-paleografia.pdf>. Acesso em: 5 maio 2020.

FIGES, O. **Sussurros**: a vida privada na Rússia de Stalin. Rio de Janeiro: Record, 2010.

FRANÇOIS, E. A fecundidade da história oral. In: FERREIRA, M. de M.; AMADO, J. **Usos e abusos da história oral**. Rio de Janeiro: Ed. da FGV, 2011. p. 3-13.

FREUD, S. **Introdução ao narcisismo, Ensaios de metapsicologia e outros textos (1914-1916)**. São Paulo: Companhia das letras, 2010.

FUNARI, P. P. A. Testemunhos do passado. **Revista de História da Biblioteca Nacional**, Rio de Janeiro, n. 63, p. 98, dez. 2010.

GADAMER, H.-G. **O problema da consciência histórica**. 3. ed. Rio de Janeiro: FGV, 2006.

GANDELMAN, S. R. Entre o público e o privado. **Revista de História da Biblioteca Nacional**, Rio de Janeiro, v. 5, n. 54, p. 98, mar. 2010.

GAZETA DE NOTÍCIAS. Rio de Janeiro, 14 maio 1888.

GINZBURG, C. Provas e possibilidades à margem de "Il retorno de Martin Guerre", de Natalie Zemon Davis. In: ____. **A micro-história e outros ensaios**. Lisboa: Difel, 1991. p. 179-202.

GORTÁZAR, I. O. A "nova História", uma estrutura de longa duração. In: NOVAIS, F. A.; SILVA, R. F. da. (Org.). **Nova história em perspectiva**. São Paulo: Cosac Naify, 2013. p. 512-572. v. 2.

GRESPAN, J. Considerações sobre o método. In: PINSKY, C. B. (Org.). **Fontes históricas**. São Paulo: Contexto, 2005. p. 291-300.

HALBWACHS, M. **A memória coletiva**. São Paulo: Centauro, 2017.

HEUSER, C. A. **Projeto de banco de dados**. 4. ed. Porto Alegre: Bookman, 1998. (Série Livros Didáticos).

HOBSBAWM, E. **Sobre história**. São Paulo: Companhia das Letras, 2011.

HORCADES, C. M. **A evolução da escrita**: história ilustrada. Rio de Janeiro: Ed. do Senac Rio, 2004.

IBGE – Instituto Brasileiro de Geografia e Estatística. **Síntese de indicadores sociais**: uma análise das condições de vida da população brasileira 2014. Rio de Janeiro, 2014. (Estudos e Pesquisas: Informação Demográfica e Socioeconômica, n. 34). Disponível em: <https://biblioteca.ibge.gov.br/visualizacao/livros/liv91983.pdf>. Acesso em: 5 maio 2020.

JONES, P. Introdução. In: HOMERO. **Ilíada**. São Paulo: Companhia das Letras, 2013. p. 7-51.

KARNAL, L. Os labirintos do arquivo. **Revista de História da Biblioteca Nacional**, Rio de Janeiro, v. 6, n. 66, p. 98, mar. 2011.

KOSELLECK, R. **Futuro passado**: contribuição à semântica dos tempos históricos. Rio de Janeiro: Contraponto, 2006.

KUPER, A. Cultura, diferença, identidade. In: KUPER, A. **Cultura**: a visão dos antropólogos. Bauru: Edusc, 2002. p. 287-311.

LE GOFF, J. **História e memória**. Campinas: Ed. da Unicamp, 1990.

LÉVI-STRAUSS, C. **O suplício do Papai Noel**. São Paulo: Cosac Naify, 2008.

LOZANO, J. E. A. Prática e estilos de pesquisa na história oral contemporânea. In: FERREIRA, M. de M.; AMADO, J. (Org.). **Usos e abusos da história oral**. Rio de Janeiro: Ed. da FGV, 2011. p. 15-26.

LUCA, T. R. de; PINSKY, C. B. (Org.). **O historiador e suas fontes**. São Paulo: Contexto, 2015.

MACHADO DE ASSIS, J. M. **Dom Casmurro**. Rio de Janeiro: Livreiro-Editor; Paris: Garnier, [s.d.].

MARCONDES, R. L.; MOTTA, J. F. Duas fontes documentais para o estudo dos preços dos escravos no Vale do Paraíba paulista. **Revista Brasileira de História**, v. 21, n. 42, p. 495-514, 2001.

MEDEIROS, L. F. **Banco de dados**: princípios e prática. Curitiba: Ibpex, 2007.

MEIHY, J. C. S. B.; HOLANDA, F. **História oral**: como fazer, como pensar. São Paulo: Contexto, 2010.

MEIHY, M. Kadafi morreu: antes ele do que eu. **Revista de História da Biblioteca Nacional**, v. 8, n. 91, p. 98, abr. 2013.

MINAYO, M. C. S.; SANCHES, O. Quantitativo-qualitativo: oposição ou complementaridade. **Cadernos de Saúde Pública**, Rio de Janeiro, v. 9, n. 3, p. 239-262, 1983.

NORA, P. Entre memória e história: a problemática dos lugares. **Projeto História**, São Paulo, v. 10, p. 7-28, dez. 1993.

NOVAIS, F. A.; SILVA, R. F. da. (Org.). **Nova história em perspectiva**. São Paulo: Cosac Naify, 2013. v. 2.

PARANÁ. Arquivo Público. **Acervo documental e guia de fundos**. Disponível em: <http://www.arquivopublico.pr.gov.br/modules/conteudo/conteudo.php?conteudo=77>. Acesso em: 5 maio 2020a.

PARANÁ. Arquivo Público. **Registro de imigrantes**. Disponível em: <http://www.arquivopublico.pr.gov.br/modules/conteudo/conteudo.php?conteudo=78>. Acesso em: 5 maio 2020b.

PARANÁ. Museus Paraná. Disponível em: <http://www.memoria.pr.gov.br/biblioteca/index.php>. Acesso em: 12 maio 2020c.

REVEL, J. Microanálise e a construção do social. In: REVEL, J. (Org.). **Jogos de escala**: a experiência da microanálise. Rio de Janeiro: Ed. da FGV, 1996. p. 15-39.

REVEL, J. **História e historiografia**: exercícios críticos. Curitiba: Ed. da UFPR, 2010.

RIOS, A. L.; MATTOS, H. **Memórias do cativeiro**: família, trabalho e cidadania no pós-abolição. Rio de Janeiro: Civilização Brasileira, 2005.

RODRIGUES, A. C. **Tipologia documental como parâmetro para gestão de documentos de arquivo**: um manual para o município de Campo Belo (MG). 780 f. Dissertação (Mestrado em História Social) – Universidade de São Paulo, São Paulo, 2002. 3 v.

SCHELLENBERG, T. R. **Arquivos modernos**: princípios e técnicas. Rio de Janeiro: Ed. da FGV, 2007.

SCHWARCZ, L. M.; STARLING, H. M. **Brasil**: uma biografia. São Paulo: Companhia das Letras, 2015.

SELKE, R. **Exploração do trabalho infantil no município catarinense de São João Batista**. 85 f. Trabalho de Conclusão de Curso (Graduação em Ciências Sociais) – Universidade Federal de Santa Catarina, Florianópolis, 2009.

SILVA, K. V.; SILVA, M. H. **Dicionário de conceitos históricos**. São Paulo: Contexto, 2014.

SILVA, T. T. da; HALL, S.; WOODWARD, K. **Identidade e diferença**: a perspectiva dos estudos culturais. Petrópolis: Vozes, 200..

SLAVE VOYAGES. **Tráfico Transatlântico de Escravos.** Disponível em: <https://www.slavevoyages.org/assessment/estimates>. Acesso em: 12 maio 2020.

THOMPSON, E, P. **Costumes em comum**. São Paulo: Companhia das Letras, 1998.

STADEN, H. **Warhaftige Historia und beschreibung eyner Landtschafft der Wilden Nacketen, Grimmigen Menschfresser-Leuthen in der Newenwelt America gelegen**. Amsterdam, 1595.

TROITIÑO-RODRIGUEZ, S. M. A tipologia documental como instrumento para a seriação de documentos. In: VALENTIM, M. L. P. (Org.). **Estudos avançados em arquivologia**. Marília: Oficina Universitária; São Paulo: Cultura Acadêmica, 2012. p. 243-258.

TURBAN, E. et al. **Tecnologia da informação para a gestão**. 3. ed. São Paulo: Bookman, 2004.

VALENTIM, M. L. P. Gestão documental em ambientes empresariais. In: VALENTIM, M. L. P. (Org.). **Estudos avançados em arquivologia**. Marília: Oficina Universitária; São Paulo: Cultura Acadêmica, 2012. p. 11-26.

WOODWARD, K. Identidade e diferença: uma introdução teórica e conceitual. In: SILVA, T. T. (Org.). **Identidade e diferença:** a perspectiva dos estudos culturais. Petrópolis: Vozes, 2000, p. 7-72.

Bibliografia comentada

BLOCH, M. **Apologia da história, ou o ofício do historiador.** Rio de Janeiro: J. Zahar, 2002.

Considerado um clássico na historiografia, a obra de Marc Bloch examina o papel do historiador na sociedade moderna de uma maneira lúdica e erudita. Provocado a responder o porquê de estudarmos história, Bloch faz uma análise brilhante sobre a função e a metodologia do historiador.

BURKE, P. **O que é história do conhecimento?** São Paulo: Unesp, 2015.

Nesse livro, Peter Burke apresenta um glossário de vários conceitos históricos, como *anacronismo, gênero, tradições* e *quantificação*. O livro é útil para quem está começando uma pesquisa e busca definições para os conceitos utilizados no cotidiano acadêmico.

LUCA, T. R. de; PINSKY, C. B. (Org.). **O historiador e suas fontes**. São Paulo: Contexto, 2015.

Trata-se de uma excelente leitura para compreender as peculiaridades das diferentes fontes históricas com que o historiador se depara em seu cotidiano: fotografias, literatura, testamentos e inventários, processos criminais, registros paroquiais, arquivos de ditaduras, cartas etc. Os textos são didáticos e de agradável leitura, além de apresentarem exemplos práticos.

Respostas

Capítulo 1

Atividades de autoavaliação
1. e
2. c
3. e
4. d
5. c

Atividades de aprendizagem

Questões para reflexão
1. Resposta pessoal.
2. Resposta pessoal.
3. Resposta pessoal.

Capítulo 2

Atividades de autoavaliação
1. e
2. b

3. c
4. a
5. b

Atividades de aprendizagem

Questões para reflexão

1. A tipologia documental é uma maneira de organizar documentos a partir das atividades (e não das entidades) que lhes deram origem. É uma opção que permite o acesso rápido e fácil a documentos e seus conteúdos. O objetivo da arquivística (e de todas as atividades similares ou a ela relacionadas) é justamente facilitar a gestão e a organização documental, de modo que os documentos arquivísticos sejam mais bem aproveitados e tenham seus dados facilmente identificados, quando necessário.

2. No caso do Museu Paranaense, eles tiveram de adotar o mesmo sistema usado por outros órgãos e instituições do Estado (o sistema Pergamum, que basicamente é voltado às bibliotecas). Pela sua especificidade, ele não pôde atender às demandas do museu, que tinha materiais específicos que precisavam de catalogação própria dentro do banco de dados, ou seja, era necessário que o banco fosse, idealmente, criado a partir das necessidades do acervo desse local. Como isso não foi feito, o banco se mostrou inadequado às atribuições que lhe competiam. Foi preciso, assim, realizar uma nova intervenção no sistema para que ele atendesse ao que os funcionários almejavam para o banco de dados da instituição.

   O ideal é que se conheça o banco de dados que será implementado ou, melhor ainda, que ele seja construído mediante uma parceria entre arquivistas e programadores para que as soluções e as necessidades sejam pensadas desde o começo. Caso contrário, é preciso garantir o alinhamento da equipe, o conhecimento das ferramentas disponíveis no banco e as características dos documentos arquivados para que o uso de um banco de dados já instituído seja bem-sucedido.

Os custos são, primeiramente, financeiros, mas englobam também o tempo da equipe, problemas de disponibilização da informação ao público, entre outros.

Capítulo 3
Atividades de autoavaliação
1. e
2. a
3. b
4. c
5. a

Atividades de aprendizagem

Questões para reflexão
1. Espera-se que se indique a importância das fontes escritas pelo fato de se caracterizarem como algo oficial, permanente e de responsabilidade dos autores. Além disso, deve-se expressar que esse tipo de fonte pode ser utilizado para descrever relações políticas, sociais e econômicas. No entanto, a fonte escrita não deve ser vista como a única possível para as pesquisas históricas.
2. As fontes históricas documentais escritas podem ser classificadas em:

- oficiais: produzidas pelo Estado;
- institucionais: produzidas por organizações, empresas e coletivos;
- literárias: produções de escritos científicos ou ficcionais; e
- pessoais: produções do cotidiano e da rotina das pessoas.

3. A arquivologia é a técnica de manutenção, tratamento e armazenamento de documentos que possibilitam a pesquisa dos historiadores. A paleografia consiste na análise das características presentes em documentos e livros manuscritos, que possibilitem sua leitura e transcrição, além da determinação de local de origem e período histórico.
4. A intenção é realizar um debate sobre a ética com relação ao tratamento dos documentos e, mais importante, das informações obtidas, tendo em vista que os documentos escritos são parte da história de indivíduos, grupos e até mesmo de civilizações.

Capítulo 4
Atividades de autoavaliação
1. b
2. a
3. c
4. a
5. a

Atividades de aprendizagem

Questões para reflexão
1. Resposta pessoal.
2. Resposta pessoal.

Capítulo 5

Atividades de autoavaliação
1. a
2. c
3. b
4. b
5. c

Atividades de aprendizagem

Questões para reflexão
1. Resposta pessoal.
2. Resposta pessoal.
3. Resposta pessoal.

Capítulo 6

Atividades de autoavaliação
1. a
2. b
3. c
4. a
5. c

Atividades de aprendizagem

Questões para reflexão
1. Resposta pessoal.
2. Resposta pessoal.
3. Resposta pessoal.

Sobre os autores

Ricardo Selke é doutorando em História pela Universidade Federal de Santa Catarina (UFSC), com pesquisa sobre a trajetória intelectual de Monteiro Lobato. É mestre em História Cultural e graduado em Ciências Sociais pela UFSC. Tem mais de sete anos de experiência no mercado editorial, período no qual já trabalhou como assessor pedagógico na Editora Positivo e como editor e coordenador editorial no SAE Digital. Atualmente, é editor de livros na Editora Bom Jesus. Este é seu segundo livro publicado pela InterSaberes.

Lorena Zomer é doutora e mestra em História pela Universidade Federal de Santa Catarina (UFSC) e licenciada em História pela Universidade Estadual de Ponta Grossa (UEPG). Participou por nove anos do Laboratório de Estudos de Gênero e História (LEGH) da UFSC, com pesquisas relacionadas à história das mulheres e das ditaduras militares do Cone Sul da América. Entre 2008 a 2012, atuou como professora de História nas redes particular e pública de ensino do Paraná e no Sesi São José – SC. Entre 2013 e 2017, foi professora no Departamento de História da Universidade Estadual do Centro-Oeste (Unicentro). Atualmente, é professora do Departamento de História da UEPG e cursa pós-doutorado no Programa de Pós-Graduação em História da mesma instituição.

Nailôn F. Silveira é mestre em Sociologia, na linha de pesquisa Educação, Escola e Sociedade, pela Universidade Federal do Paraná (UFPR) e especialista em Sociologia Política pela mesma instituição. É graduado em Ciências Sociais pela UFPR e em História pela Faculdade Espírita. Atua como professor de História e Sociologia nas redes pública e particular desde 2006. Também produz material didático para a educação básica, com publicações no SAE Digital.

Natália Bellos é especialista em História da África e do Negro no Brasil pela Universidade Cândido Mendes (Ucam), graduada em História pela Universidade Federal do Paraná (UFPR) e graduada em Comunicação Social, com habilitação em Jornalismo, pela Pontifícia Universidade Católica do Paraná (PUCPR). Atua no mercado editorial desde 2008 como editora de materiais didáticos de História, com material aprovado pelo Programa Nacional do Livro e do Material Didático (PNLD) em 2014.

Dalvana Lisczkovski é mestra em Ensino de História pela Universidade Estadual de Maringá (UEM) e especialista em Filosofia e Direitos Humanos pela Pontifícia Universidade Católica do Paraná (PUCPR). Leciona a disciplina de História desde o ano de 2011 em escolas públicas e privadas.

Os papéis utilizados neste livro, certificados por instituições ambientais competentes, são recicláveis, provenientes de fontes renováveis e, portanto, um meio **respons**ável e natural de informação e conhecimento.

Impressão: Reproset
Agosto/2023